Theodor Friedrich Schott

Württemberg und die Franzosen im Jahr 1688

Theodor Friedrich Schott

Württemberg und die Franzosen im Jahr 1688

ISBN/EAN: 9783744625616

Hergestellt in Europa, USA, Kanada, Australien, Japan

Cover: Foto ©ninafisch / pixelio.de

Weitere Bücher finden Sie auf **www.hansebooks.com**

Württembergische Neujahrsblätter.

Unter Mitwirkung von

Seminarrektor **Beck**, Oberbibliothekar Dr. **Heyd**, Oberstudienrat Dr. **Klaiber**,
Finanzrat Dr. **Paulus**, Oberstudienrat Dr. **Planck**, Gymnasialrektor Dr. **Pressel**,
Ephorus **Schmid**, Archivrat Dr. **Stälin** u. A.

herausgegeben

von

Professor Dr. J. **Hartmann**.

———— ✳ ————

Fünftes Blatt. 1888.

Württemberg und die Franzosen
im Jahr 1688.

Von
Theodor Schott.

Mit zwei Abbildungen.

Stuttgart, 1888.
Verlag von D. Gundert.

Inhalt.

Am 15. August *) 1684 wurde in Regensburg zwischen Kaiser Leopold I.
und König Ludwig XIV. von Frankreich ein Waffenstillstand auf 20
Jahre geschlossen; in demselben erkannten Kaiser und Reich die Erwerbun=
gen und Eroberungen, welche Frankreich in den letzten Jahren auf
deutschem Gebiete gemacht hatte (besonders Freiburg i. Br.) einst=
weilen an. Nicht den vierten Theil der in Aussicht genommenen Zeit
währte derselbe; in dem Jahrhunderte hindurch dauernden Weltkampfe
zwischen dem Hause Österreich und der Krone Frankreich bildete er nur eine kurze
Pause. Ludwig XIV. benützte dieselbe, um die Vernichtung des französischen
Protestantismus, an welcher seit Jahrzehnten mit gesetzlichen und ungesetzlichen Mit=
teln aller Art gearbeitet wurde, zu vollenden, ohne durch auswärtige Verwicklungen
dabei gestört zu sein, und um weitere Kräfte für weitere Eroberungen zu sammeln.
Er war damals der mächtigste Monarch Europas; sein Heer war das beste, größte
und schlagfertigste, befehligt von trefflichen Feldherrn (Luxemburg, Vauban, Vendôme,
Catinat, Villars u. a.), sein Kriegsminister Louvois war ein vorzüglicher Organisator,
welcher vortrefflich verstand, einen Krieg vorzubereiten und mit schonungsloser Grau=
samkeit den Krieg durch Krieg zu nähren. Die Verwaltung war eine strenge, oft
harte, aber geordnet und sicher geleitet; die Finanzen nicht mehr so glänzend wie
ein Jahrzehnt zuvor, aber doch im Vergleich mit denen der meisten europäischen Staaten
gut. Ludwigs Hof erfüllte mit dem Glanze seines Namens die Welt; er war der
Mittelpunkt des französischen Lebens, der Sammelplatz der bedeutendsten Geister, und
Frankreich durfte sich in jener Zeit einer Fülle großer Männer rühmen, wie keine
andere Nation damals eine ähnliche aufzuweisen hatte. In Litteratur und Mode
gab es den Ton an, König Ludwig war das vielbewunderte Vorbild zahlreicher anderer
Fürsten, aber ebenso der Gegenstand ängstlicher Furcht und Sorge; denn die bisher
errungenen Erfolge hatten das Selbstgefühl, den Übermut des ruhmsüchtigen Monarchen
mächtig gesteigert; vor seinen Übergriffen und Gewaltthaten war kein Staat sicher,
die Nachbarn Frankreichs mußten sich als das stets bedrohte Ziel des französischen
Ehrgeizes, der französischen Eroberungssucht fühlen. Forderte die „Sicherheit und
die Größe" Frankreichs neue Landerwerbungen oder bot sich eine günstige Gelegenheit

---

*) Bei der Angabe der Monatsdaten wurde der neue Kalender gebraucht, welcher um
10 Tage vor dem alten voraus ist.

zu neuen Eroberungen, so war Ludwig im Vollgefühl seiner Macht, im Vertrauen auf das bisherige Glück bereit, abermals zu den Waffen zu greifen und Europa seinen Willen aufzuzwingen. Der Anlaß dazu bot sich im Jahr 1688.

Im Mai 1685 war Kurfürst Karl von der Pfalz gestorben, der letzte aus dem Mannsstamme der Pfalz-Simmernschen Linie. Nach den Erbverträgen gingen Kurfürstentum und Land auf die Pfalz-Neuburgische Linie über, der französische König machte aber im Namen seiner Schwägerin, Elisabeth Charlotte, der Schwester des verstorbenen Kurfürsten, Anspruch auf einen großen Teil der Rheinpfalz: Simmern, Lautern, Sponheim, Germersheim. Wohl hatte die deutsche Prinzessin bei ihrer nicht ganz freiwilligen Heirat ausdrücklich darauf Verzicht geleistet, aber rücksichtslos gegen alles, was seinem Willen zuwider war, ließ Ludwig dies nichts gelten, das vorgeschlagene Schiedsrichteramt des Papstes lehnte das Deutsche Reich ab. Hauptsächlich auf Betreiben des neuen Kurfürsten Philipp Wilhelm, der sich in seinem Besitze wenig sicher fühlte, schloßen Spanien, Schweden, Österreich, Sachsen und die Kreise von Bayern, Franken und vom Oberrhein 9. Juli 1686 den Augsburger Bund, „um die bestehenden Verträge aufrecht zu erhalten." Daß die Spitze dieses Defensiv-Bundes, der sich anheischig machte, 60 000 Mann auf die Beine zu bringen, gegen Frankreich gerichtet sei, fühlte dort jedermann, ebenso wie man die großen Siege der kaiserlichen Waffen gegen die Türken (die Eroberung von Ofen September 1686, die Schlacht bei Mohacz 1687) halb als Niederlagen Frankreichs empfand, das an dem Erbfeind der Christenheit einen mächtigen Verbündeten hatte. Man glaubte sich in Frankreich bedroht: die kaiserlichen Heere möchten vom Osten in den Westen rücken, von den Ungläubigen hinweg ihre Waffen gegen die alten Reichsfeinde kehren. Der Streit um den Bischofsstuhl in Köln brachte den Stein zum Rollen, führte den Krieg unerwartet schnell herbei. 3. Juni 1688 starb der Kurfürst und Bischof von Köln Maximilian Heinrich; er war stets der Krone Frankreichs ergeben gewesen, auch dem Augsburger Bunde nie beigetreten; noch 1687 hatte er von Ludwig Subsidien empfangen. Bei der Ausdehnung seines geistlichen Gebietes (Lüttich, Münster, Hildesheim standen auch unter seinem Krummstab), bei der vielfachen nachbarlichen Berührung mit Frankreich mußte dem König alles daran liegen, einen ebenso gefügigen Nachfolger auf dem Kölner Bischofsstuhle zu sehen. In dem Kardinal Wilhelm Egon von Fürstenberg, dem Bischof von Straßburg, sah er die geeignete Persönlichkeit; französischer Einfluß hatte durchgesetzt, daß er 7. Januar 1688 zum Koadjutor von Köln gewählt wurde, aber als der Sitz wirklich erledigt war, erhielt Fürstenberg, mit dem Kaiser Leopold verfeindet, von allen redlichen Deutschen als Verräter Straßburgs gehaßt und verachtet, nicht die nötige Stimmenzahl. Umsonst suchte Ludwig von Papst Innocenz XI. eine günstige Entscheidung zu erwirken; der Papst, mit Frankreich wegen anderer Fragen im Streite, bestätigte den Gegenkandidaten Joseph Clemens von Bayern. Wollte Frankreich sein altangemaßtes Recht, Einfluß in den innerdeutschen Verhältnissen auszuüben, behaupten, so konnte dies nur durch Waffengewalt geschehen. Mit Ungestüm vertrat Louvois diese Ansicht bei Ludwig, er setzte den Kardinal von der Absicht des Königs in Kenntnis und teilte ihm mit, daß der König 6000 Reiter und 10 000 Mann zu Fuß ausheben lasse, um ihn zu stützen (21. Aug. 1688).[1]) Seitdem gingen die Vorbereitungen zum Kriege ihren energischen, aber geräuschlosen Gang, sie wurden beschleunigt durch die Nachricht von der Eroberung von Belgrad. Anfang September fingen die Truppen an, der Grenze zuzuziehen. Mitte September hatte Frankreich eine Armee von 200 000 Mann auf den Beinen, es wollte allen seinen Nachbarn zuvorkommen und erreichte dies Ziel vollständig. Frankreich glich einer wohlversehenen Festung, aus deren Thoren plötzlich zahlreiche Scharen auf einen schlecht vorbereiteten, nichts ahnenden Feind herausstürzten; von allen Seiten marschierten die Regimenter gegen den Rhein (25. Sept.), 50 000 Mann stark rühmten sich die Franzosen zu sein. Drei Tage und Nächte, schreibt ein Berichterstatter jener Zeit, habe man nichts gehört als Trommeln und Trompeten und nichts gesehen als ein immerwährendes Mar-schieren. Am 28. Sept. wurde Speier besetzt, 29. Kaiserslautern, 1. Oft. Oppenheim, Alzei, Neustadt an der Hardt fielen in die Hände des Feindes, 17. Oft. kapitulierte Mainz, 24. Heidelberg, nirgends fand sich ein nennenswerter Widerstand.

Von dem neugewonnenen Straßburg aus wurde Offenburg genommen, Frei-burg gehörte seit 1679 den Franzosen, fächerartig breiteten sie sich nach allen Seiten hin aus. Der Hauptkampf konzentrierte sich um Philippsburg; die kleine, wohl-befestigte Stadt auf dem rechten Rheinufer bot eine treffliche Ausfallspforte gegen die Neckar- und Maingegend. Mit Freiburg und Philippsburg war der Oberrhein in der Gewalt der Franzosen und das Reich an einer seiner verwundbarsten, durch keine natürlichen Grenzen geschützten Stelle stets ihren Angriffen offen. Ihre Er-oberung sollte das erste bedeutende Ziel des Krieges sein, die Unwiderstehlichkeit der französischen Waffen aller Welt zeigen und die kriegerische Laufbahn des französischen Thronerben glänzend eröffnen. Am 27. Sept. legte sich der General Montclar vor die Festung, mit genauer Not gelangte der Kommandant Maximilian von Starhemberg (der Bruder des heldenmütigen Verteidigers von Wien im Jahre 1683) von einem Jagdausflug her in seine Festung — so wenig hatte er die Nähe des Feindes ver-mutet! 29. Sept. kam der französische Oberbefehlshaber Marschall Duras im Lager an, die Belagerungsarbeiten leitete Vauban, der berühmteste Genieoffizier der Zeit, in eigener Person nach allen Regeln der Kunst, um den Dauphin, den einzigen Sohn Ludwigs XIV., in den Ernst des Krieges siegreich einzuweihen. 6. Oft. langte derselbe vor der Stadt an, deren Schicksal trotz der Tapferkeit der Verteidiger, welche manchen Feind „schlafen legten", bei dem Mangel an Entsatz bald entschieden war; das Lager dort aber wurde der Mittelpunkt der Operationen gegen das Fränkische und Schwäbische, dort strömten die Kontributionen, die Brandschatzungen zusammen, welche den Deutschen auferlegt wurden.

Das Manifest[2]), welches Ludwig zugleich mit seinen Truppen hatte ausgehen lassen, und welches überall verbreitet wurde, suchte in heuchlerischer Verdrehung der Verhältnisse seines Gleichen; es rühmte die Friedensliebe des Königs, welcher das all-gemeine Interesse der Christenheit dem Wohlstand der Krone Frankreichs vorgezogen und deswegen die Gelegenheit des Türkeneinfalls nicht zu einem Kriege gegen

den Kaiser benutzt habe; Philippsburg werde nur belagert, um benen, welche Un=
ruhen erregen wollen, den Eingang in das französische Land zu versperren; der König
verlangte die Bestätigung Fürstenbergs zum Kölner Erzbischof; er erbiete sich, Freiburg
und Philippsburg, das man sicher in Händen habe, zu schleifen, wenn ihm die Er=
oberungen des Nymweger Friedens definitiv zugesichert würden. — Die Beruhigung
der Christenheit, welche der französische Gesandte Verjus be Crecy bei der Übergabe
des Manifestes dem Regensburger Reichstag höhnend in Aussicht stellte (3. Okt.),
wurde allerdings nicht erreicht, sondern ohne daß eigentlich der Krieg angekündigt
worden wäre, entbrannte ein Weltkrieg, der 9 Jahre lang die Völker Mittel=
europas gegen einander in Waffen hielt. Die entscheidenden Schlachten wurden in
den Niederlanden und auf dem Meere (La Hogue) geschlagen; die wichtigste Ver=
änderung war der Sturz des Hauses Stuart in England in den Novembertagen
dieses Jahres durch Wilhelm von Oranien, die größte Verheerung aber erfuhren
die unglücklichen Länder am Rhein und Neckar, Pfalz, Baden, Württemberg; sie
wurden mit beispielloser, raffinierter Grausamkeit von den Franzosen ausgeplündert
und ausgesogen. Damals begannen jene Mordbrennereien und Zerstörungen, welche
den französischen Namen schändeten und einigen ihrer Heerführer eine traurige Be=
rühmtheit für immer gegeben haben. Die Schicksale des jetzigen König=
reichs Württemberg im Jahre 1688 sollen die folgenden Blätter kurz berichten.

1. Württemberg im Jahr 1688.

Einen höchst merkwürdigen, aber keineswegs erfreulichen Anblick bot damals
die Landschaft zwischen Rhein und Lech; unter unendlich viele Gebieter war sie ge=
teilt, die verschiedensten großen und kleinen Mächte hatten hier ihre Besitzungen.
Wohl in keiner andern Gegend des deutschen Reiches mochte die Zerrissenheit so groß
sein, die Verschiedenartigkeit der Interessen so scharf sich kundthun. Frankreich hatte
seit 1679 Freiburg im Breisgau besetzt, Österreichs Besitzungen ragten über Ober=
schwaben und den südlichen Schwarzwald bis an den Rhein; zur Markgrafschaft Baden
gehörte der übrige Teil der Rheinebene. Das Herzogtum Württemberg hatte
schwach die Hälfte seiner jetzigen Ausdehnung; im allgemeinen gehörten dazu die
Gegenden am mittleren Laufe des Neckars, an der Fils, Rems, Enns, Enz und
Nagold, ebenso der größte Teil des jetzt württembergischen Schwarzwaldes mit
Neuenbürg, Wildbad, Freudenstadt, die Quelle des Neckars mit Schwenningen, der
Oberlauf der Donau mit Tuttlingen, die Alb mit Münsingen, Blaubeuren und Heiden=
heim, das Hügelland bei Welzheim und Backnang. Es war durchsetzt und umgeben
von den Gebieten der Reichsstädte Heilbronn, Eßlingen, Reutlingen, Ulm, Weil
der Stadt, Hall, Gmünd, Aalen, Bopfingen, Biberach, Ravensburg, Isny und
andern. Österreich besaß Rottenburg und die Grafschaft Hohenberg, Bayern das
Amt Wiesensteig; dazu kamen noch die Fürstenbergischen Besitzungen, die des
Deutsch= und Johanniter=Ordens, der reichsunmittelbaren Fürsten, Grafen und
Herren, sowie mehrerer geistlichen Stifter und Herrschaften — die bunteste Muster=

karte von Staaten und Städtchen, welche sich nur denken läßt. Nach der Reichs=
verfassung gehörte der größte Teil davon dem schwäbischen Kreise an, dessen Oberste
der Herzog von Württemberg und der Bischof von Konstanz waren; regelmäßig
wurden die Kreistage gehalten, meistens in Ulm, an den Kreis gelangten die kaiser=
lichen Ausschreiben wegen der Reichssteuern und der Truppenstellung zu Reichs=
kriegen; mit pedantischer Umständlichkeit wurden die Verhandlungen geführt, eifer=
süchtig wachten die Vertreter der 89 Kreisstände über ihre Privilegien und Rechte,
um so eifersüchtiger, je kleiner und machtloser sie waren, und die langen umfang=
reichen Protokolle bieten einen merkwürdigen Kontrast zu dem dürftigen Inhalt der
Beschlüsse, zu dem kläglichen Ergebnisse bei den Ausführungen. Noch hatte das
ganze Land schwer zu leiden an den Folgen des 30jährigen Krieges, an dem
namenlosen Elend, welches er über Deutschland gebracht; die Kraft der Nation war
dadurch gebrochen, materiell und moralisch. Die Bevölkerung war auf die Hälfte
zusammen geschmolzen, im Herzogtum Württemberg war sie von 445 000 Seelen
(im Jahre 1622) auf 97 000 gesunken, 1679 betrug sie wieder 223 716 ³) Seelen.
Ähnlich waren die Verhältnisse überall, in gleichem Maße hatte der Wohlstand ab=
genommen, von den ausgedehnten Weinpflanzungen des Landes z. B. war der größte
Teil zu Grunde gegangen, Handel und Gewerbe waren in tiefstem Verfall geraten.
In den 30 Friedensjahren seit 1648 hatten sich allerdings der Wunden manche
geschlossen, die Bevölkerung, auf den Ertrag des Bodens besonders angewiesen,
begann sich allmählich zu erholen und von Not und Dürftigkeit zu bescheidenem
Wohlstand aufzusteigen, in den Städten regte sich wieder Gewerbfleiß und Handels=
thätigkeit. Die größte Stadt war Ulm, dann mochte Heilbronn, Eßlingen, Reut=
lingen kommen; Stuttgart zählte damals ca. 12—13 000 Einwohner; im Herzog=
tum Württemberg waren Tübingen, Calw, Schorndorf, Urach, Göppingen, Cannstatt,
Böblingen, Kirchheim, Leonberg, Heidenheim die bedeutendsten Orte; mit Ausnahme der
zwei ersten zählte keine über 4000 Einwohner.

Diese Zeit des Aufblühens und Gedeihens trafen wie verhängnisvolle tödliche
Stöße die Einfälle der Franzosen; nur das eine Jahr 1677 hatte durch Truppen=
durchzüge, Winterquartiere ꝛc. das Herzogtum die gewaltige Summe von 873 805 fl.
(wenigstens 6 bis 7 Millionen Mk. nach dem heutigen Geldwert) gekostet ⁴), die Jahre
1688 und die folgenden steigerten die Lasten geradezu ins Unerschwingliche. Wohl
waren die Städte noch von alter Zeit her mit Mauern und Gräben umgeben, aus
den Türmen und Thoren drohte manch tüchtiges Stück Geschütz und recht stattlich
prangen die Festungswerke auf den Bildern und Ansichten aus jener Zeit. Auch
der alte kriegerische Geist war mit nichten geschwunden und die Wälle von Ofen
und Negroponte waren die lautredenden Ruhmeszeugen der schwäbischen Tapferkeit.
Zur Landmiliz gehörte die waffenfähige Mannschaft, aus der ein Auszug ge=
nommen wurde, und in den Städten bestanden noch die Bürgerkompagnien; der Kreis
konnte ein ansehnliches Kontingent zusammen bringen, aber in der entscheidenden
Stunde war dieses nicht da. Ganz besonders fehlte es an einer festen einheitlichen
Leitung, an einem energischen Willen, welcher die sich geltend machenden Sonder=

intereſſen mit mächtiger Hand überwunden, die tüchtigen vorhandenen Kräfte geſammelt und dem Feinde entgegengeführt hätte; dem älteren Geſchlechte lag die dumpfe Gleichgültigkeit, welche die Schrecken des 30jährigen Krieges erzeugt hatten, noch in den Gliedern; jeder Widerſtand war damals vergeblich geweſen, jetzt ſchienen ſich dieſe Zeiten zu wiederholen.

Paniſchen Schrecken verbreitete der ruchloſe Überfall mitten im Frieden, „da auch die klügſten Staatsleute in Europa keinen Krieg vermuteten"[5]), bei Groß und Klein, auch der Hof und die Regierung von Württemberg kam in „ſonderliche Konſternation."

Das Herzogtum war in einer unerfreulichen Lage; 23. Juni 1677 war Herzog Wilhelm Ludwig nach nur 3jähriger Regierung in Hirſau plötzlich geſtorben; ſein Nachfolger war ein unmündiges Kind, noch nicht einmal ein Jahr alt, Eberhard Ludwig (geb. 18. Sept. 1676 a. St.). Um Vormundſchaft und Regierung ſtritten ſich ſein Großoheim Herzog Friedrich von Neuſtadt, der ſich des allgemeinen Zutrauens des Landes erfreute, und ſein Oheim Friedrich Karl, ſelbſt noch nicht volljährig. Nach langwierigen, in Wien geführten Unterhandlungen erreichte der letztere, daß ihm die Vormundſchaft übertragen wurde. Er war ein wohlmeinender wackerer Mann, in nichts hervorragend, den ſchwierigen Verhältniſſen, den großen Gefahren, welche während ſeiner Vormundſchaft das Land bedrängten, nicht völlig gewachſen; ſeine Vormundſchafts=Befugniſſe waren weſentlich eingeſchränkt durch die 5 Geheimen Räte, ohne deren Beiſtimmung er nichts wichtiges vornehmen ſollte, und durch die „Mitobervormünderin", Herzogin Magdalene Sibylle[6]), die treffliche Mutter des „Landprinzen". Mit Freude und Wohlgefallen ruht das Auge des Geſchicht= ſchreibers auf dieſer ausgezeichneten Frau, welche ſich jetzt noch eines geſegneten An= denkens unter dem württembergiſchen Volke erfreut. Als 13jähriges Mädchen hatte die heſſiſche Prinzeſſin (geb. 28. April 1652 a. St., Tochter von Landgraf Ludwig VI. von Heſſen=Darmſtadt) ihre Mutter Marie Eliſabeth von Schleswig=Holſtein verloren; mitten im Winter brachte ſie ihr Vater nach Stockholm zu ihrer bejahrten Tante, der Königin=Witwe Hedwig Eleonore; dort fand ſie eine tüchtige, fromme Erziehung; ſie habe gelernt, heißt es, demütig ſich Gottes und der Oberen Willen zu unter= werfen. Der Aufenthalt an dem nordiſchen Hofe trug dazu bei, ihren Geſichtskreis zu erweitern, ſie mit den großen politiſchen Fragen, mit den wichtigſten Perſönlich= keiten bekannt zu machen, ohne daß es ihr ſpäter ſchwer geworden wäre, ſich in den kleinen einfachen ſchwäbiſchen Verhältniſſen zurechtzufinden. 1671 warb der Erbprinz Wilhelm Ludwig auf ſeiner Bildungs=Reiſe in Stockholm um ſie, 2 Jahre nachher (6. Nov. 1673 a. St.) wurde das junge Paar in Darmſtadt getraut und 12. Febr. 1674 a. St. bei einem „ſonderbar ſchönen und milden Himmel" führte er ſie heim nach Stuttgart. Mit unendlichem Jubel wurde die junge Prinzeſſin vom Volke begrüßt; nach der Sitte der Zeit und dem Geſchmack des Herzogs entſprechend wurde ein großartiger, die Mittel des Landes überſteigender Aufwand damals entfaltet. In der Woche vom 12.—19. Februar wurden nicht weniger als 15 546 Perſonen bei Hofe geſpeiſt; auf der Feuerbacher Heide ſtand die geſamte wehrhafte Mann=

schaft des Herzogtums, 7000 Mann, teils geworbene Truppen, teils Milizen nach den Bezirken des Landes abgeteilt; in der Hauptstadt wechselten großartige Feuerwerke — bei dem einen wurden z. B. 24 000 Schwärmer verpufft, bei dem andern gar 31 000 nebst ungezählten Raketen — mit Theater und „Fastnachtputzen" ab (wobei sich, charakteristisch für die Zeit, zwei Trunkenbolde prügelten), der unendlichen Menge lateinischer und deutscher Dichtungen zu geschweigen, in deren oft sehr über= schwänglichen Versen das Lob des jungen Paares gesungen wurde. Rasch genug folgten diesen frohen Festen herbe Zeiten: 1674 wurde Wilhelm Ludwig Herzog, aber schon 1677 starb er, April 1678 verlor die Witwe ihren Vater, mit ihren drei un= mündigen Kindern stand sie ziemlich allein in dem Herzogtum, das von auswärtigen Feinden stets bedroht war und bei dessen Verwaltung sich die verschiedensten Strö= mungen und Parteien geltend machten. Um den schwierigen Verhältnissen gewachsen zu sein, bedurfte sie ihres ganzen frommen Gottvertrauens, ihres tapferen Mutes; die klugen Augen, die scharfen Züge des Gesichtes verraten männliche Entschlossen= heit. In jenen unglücklichen Jahren 1688—93, als die Franzosen immer wieder aufs neue das offen liegende Land mit Plünderung heimsuchten, mit Mord und Brand verwüsteten, erwarb sie sich durch Standhaftigkeit und Ausdauer, durch Un= erschrockenheit und Mut den Ehrennamen: die Säule des Landes zu sein; kühn „trat sie vor den Riß", wo so viele die Besinnung verloren und die Flucht ergriffen. Auch den Feinden zwang sie durch ihren edlen Freimut, durch ihre Opferwilligkeit Achtung ab. Ohne sie wäre das Unheil, welches das Land getroffen, noch viel größer ge= worden, auf sie blickte daher auch alles und als letzte Hilfe und Trost pflegte man ihre Vermittlung, ihren Rat in Anspruch zu nehmen. Auch in den ruhigen Jahren, welche diesen Kriegsstürmen vorangingen und nachfolgten, hielt sie sich als eine echte Mutter des Landes; wo sie nicht zu retten vermochte, suchte sie wenigstens zu trösten. In ihren späteren Witwensitzen, Kirchheim u. T. und Stetten im Remsthal, führte sie eine ansehnliche, nicht üppige, aber wohleingerichtete Hofhaltung, welche ihr die Mittel zu reichem Wohlthun ließ; noch sind ganze Stöße von Bitt= gesuchen erhalten, welche sie befriedigte. „Gegen aufrichtige, verständige und gescheite Leute bezeugte sie, nach dem Urteil eines Zeitgenossen, ein besonderes Belieben," die religiös angeregten Kreise Württembergs hatten sich der Teilnahme der frommen Fürstin am meisten zu erfreuen. Es ist nicht bekannt, daß sie mit Spener oder mit sonst einem Haupte des neuaufkommenden Pietismus in Verbindung und Briefwechsel gestanden sei; sie selbst aber pflegte eifrigst theologische Schriftstellerei, sie dichtete geistliche Lieder, welche durch ihren einfachen frommen Ton ansprechen, sie verfaßte Gebetbücher, in welchen sie ihr festes Gottvertrauen kräftig aussprach (Kreuzschule, Gottgeweihtes Andachtsopfer). Die trüben Erfahrungen in ihrem eigenen engsten Familienkreise mochten diese fromme Richtung noch begünstigen; denn trotz aller Sorgfalt, welche sie auf die Erziehung ihres einzigen heißgeliebten Sohnes verwendete, mußte sie er= leben, daß seine Regierung durch Üppigkeit und ungemessenen Aufwand hart auf dem Lande lastete, während er selbst in den unwürdigen Banden der Mecklenburgerin Grä= venitz schmachtete. Zeitlebens richtete sie sich nach dem Grundsatz: Mein Schatz ist

Ehr, mein Wahlspruch Tugend, aber als sie am 11. Aug. 1712 ihr müdes Haupt
zur ewigen Ruhe legte, da gab sie ihren Gefühlen als Mutter und Christin tiefen
wahren Ausdruck in dem schmerzlichen und doch tapferen Bekenntnis:

> Es bleibt in meinem Sarg verschlossen und vergraben,
> Was heimlich in der Seel mich mag gequälet haben.
> Die Welt war meiner müd, ich deiner viel mehr, Welt,
> Dir war ich eine Last und du hast mich gequält.

Durch die Übernahme der Mitobervormundschaft hatte Magdalene Sibylle das
Recht erhalten, bei wichtigeren Staatsangelegenheiten ihre Meinung, ihren Willen
kund zu geben; die Sorge für das Land und die Erhaltung der Dynastie waren
die beiden streng festgehaltenen Leitsterne ihrer klaren besonnenen Politik, mit Ruhe
und Mäßigung verfocht sie ihre Ansprüche, ihrer klugen Besonnenheit war es zu
danken, daß sie nicht in ernstliche Streitigkeiten mit dem Herzog=Administrator geriet.
An Reibungen fehlte es begreiflicherweise nicht, wie solche auch zwischen dem Ad=
ministrator und der Landschaft in reichlichem Maße stattfanden; von innern Fragen
abgesehen drehte sich der Streit besonders um das Aufstellen und Halten eines
stehenden Heeres. Das Streben darnach lag in der Zeit, auch die kleinen Staaten
konnten sich diesem Drange nicht verschließen, die häufigen feindlichen Einfälle machten
ein solches notwendig und der Administrator, welcher dies Streben befürwortete, hatte
einen richtigeren politischen Blick für die Lage und die wirklichen Bedürfnisse des
Landes, als die Landschaft, welche aus Sparsamkeitsgründen sich gegen jede neue
Belastung durch Steuern sträubte, ebenso aber auch in einer militärischen Macht
eine Steigerung der fürstlichen Gewalt gegenüber den ständischen Rechten fürchtete.
Geradezu verhängnisvoll aber war ein anderer Schritt, welchen der Administrator
um jene Zeit unternahm. Um den wachsenden Anforderungen zu genügen, welche
eine sich mehrende Familie und eine ziemlich üppige Hofhaltung an ihn stellten, hatte er,
dem Beispiele anderer Fürsten folgend, der Republik Venedig 3000 Mann „über=
lassen", d. h. an dieselbe verkauft. Im Juli 1688 erschallte aufs neue die Werbe=
trommel; um einem seiner Söhne ein „Etablissement" zu schaffen (derselbe sollte
der Inhaber des Regiments werden und dadurch ein besseres „Entretien finden"),
machte sich der Administrator anheischig, für den Prinzen Wilhelm von Oranien,
welcher seinen Kriegszug nach England plante, 12 Kompagnien Reiter anzuwerben;
für den Mann sollte er 60 Thaler erhalten. Als Reichsfürst glaubte Friedrich
Karl vollständig das Recht zu dieser Verhandlung zu haben, er sah sie als reine
Privatsache an, welche mit seiner internationalen Stellung zu Kaiser und Frankreich
so wenig zu schaffen habe, wie mit seinem Verhältnis zur württembergischen Land=
schaft. Hier freilich erregte diese Werbung große Unzufriedenheit, schwere Gewalt=
thaten scheinen dabei vorgekommen zu sein, die Landschaft erhob später bittere Klage,
„daß so viele Landeskinder, Gott weiß durch was für Praktiken, den bitter seufzenden
Weibern und Kindern entrissen worden; eine große Ungeduld und Schwierigkeit habe
dieses ganze Werbungswesen nach sich gezogen;"[7]) den Menschenschacher selbst abzustellen
hatte sie nicht vermocht. Sehr unmutig sprach sich auch der Kaiser über die

oranische Werbung aus, welche so viele tapfere Leute dem Reiche entziehe. Er selbst machte andere Ansprüche an das Reich, er lag, wie erwähnt, im heftigsten Kriege mit den Türken. Die Befreiung Wiens von dem Erbfeinde des christlichen Glaubens 1683 war allerdings auch Reichssache gewesen und Württemberg hatte 2 Regimenter zu Fuß und 1 Reiterregiment zum Entsatzheer gestellt. Bei den späteren Feldzügen spielten die österreichisch-dynastischen Interessen eine wesentliche Rolle, dem Kaiser gelang es aber, die Beteiligung an denselben ebenfalls als Angelegenheit des ganzen Reiches darzustellen und zu erwirken; zu dem Aufgebot von 60 000 Mann im Jahre 1687 hatte auch der schwäbische Kreis sein Kontingent gestellt, und abermals waren 2000 Mann zu Fuß und 1000 Reiter nach Ungarn abgegangen.

Schon seit einer Reihe von Jahren residierte am württembergischen Hofe ein französischer Gesandter; seit der Reformation war es ja Grundsatz der französischen Politik, auf die kleinen deutschen Fürsten Einfluß zu üben, während diese ihrerseits an der fremden Macht eine Stütze gegen das Haus Habsburg fanden. Württemberg hatte allen Grund, mit dem mächtigen Nachbar in gutem Einvernehmen zu bleiben, die schwere Hand desselben hatte es im 30jährigen Kriege und 1673 sattsam erfahren. Als Ludwig XIV. 1681 nach Straßburg kam, um persönlich die Huldigung der neugewonnenen Reichsstadt zu empfangen, eilte der Administrator, sich dem Monarchen vorzustellen. Daß er dem Hofgebrauch zuwider sein Haupt in Gegenwart des Königs sehr rasch wieder bedeckte, wurde ihm von den Deutschen als Zeichen freien Mutes, und daß er der deutschen Ehre nichts vergebe, hoch angerechnet. Durchreisende Franzosen wurden vom Hofe mit Aufmerksamkeit behandelt; scheelsüchtige Lästerzungen schalten freilich, es sei nicht nötig, jeden hergelaufenen Franzmann zur Hoftafel zu laden. Als im Februar 1679 die Braut des Dauphin, eine bayrische Prinzessin, ihren Weg über Ulm, Blaubeuren, Tübingen, nach Frankreich nahm, gab ihr der Herzog-Administrator das Geleite, Magdalena Sibylle wartete ihr in Tübingen auf und das Land trug die bedeutenden Kosten, welche das große Gefolge der hohen Reisenden, 297 Personen und 400 Pferde, verursachte. In Paris selbst hielt der württembergische Hof auch einen Agenten Namens Heß, leider sind seine Berichte nicht zahlreich genug, um denselben viel und wichtiges zu entnehmen [*]. Am 23. August (n. St.) 1688 meldete derselbe: der gegenwärtige Zustand der Dinge in Europa lasse ihn einen sehr großen Krieg erwarten, die Truppenbewegungen, von welchen er höre, weisen sicher darauf hin. Die Warnung wurde, wie es scheint, vom herzoglichen Hofe nicht beachtet. Ob der französische Gesandte Juvigny in Stuttgart, der mit echt französischer Anmaßung aufzutreten beliebte, damals oder etwas später das Mißfallen seines Königs über die oranische Werbung zu erkennen gab, ist nicht mehr klar zu stellen; die Stimmung gegen Juvigny war ohnedies in Stuttgart eine ziemlich gereizte wegen eines ärgerlichen konfessionellen Handels, bei welchem der Franzose erklärte, daß er von seinem Könige beauftragt sei, die Interessen aller Katholiken in Württemberg zu vertreten und zu schützen. Mannhaft hatte aber der Herzog-Administrator den anmaßenden Eingriff zurückgewiesen, ganz nach dem Herzen der streng protestantisch gesinnten Bürgerschaft, welche die grausame Behandlung und Bedrückung ihrer Glaubensbrüder in Frankreich noch in frischem Gedächtnis hatte.

So war Württemberg zwar gewarnt, aber doch völlig unvorbereitet, den Feind aufzuhalten, als dessen Scharen auf dem rechten Rheinufer sich festsetzten und der Landesgrenze sich näherten. Außer jenen für den Oranier geworbenen Kompagnieen war keine kriegsgeübte Mannschaft auf den Beinen, der Administrator wagte nicht, eine Aushebung zu veranstalten oder den Landsturm aufzurufen. Vom Kaiser war zunächst keine Hilfe zu erwarten; als von Schwaben, Pfalz, Baden die Hiobsposten anlangten, vertröstete er die Hilfesuchenden mit den wenig ermutigenden Worten: er könne mit keiner beträchtlichen Hilfe dawider aufkommen, habe aber bei einigen Königen und Fürsten die Notdurft so vorgestellt, daß er nicht zweifle, es werde durch Zuführung ihrer Truppen ungesäumt Rat geschafft und „der Gewalt" zurückgetrieben. Auch sonst war der Wiener Hof nicht sehr rasch in seinen Ent= schließungen, erst 11. Dezember erging von dort aus das Verbot, Munition, Pferde und Proviant an die Franzosen zu verkaufen, und zu gleicher Zeit die kaiserliche Mahnung, die Reisen nach Frankreich zu unterlassen, da durch dieselben unglaubliche Summen Geldes dorthin ausgeführt werden. Die nächsten kleineren Vorsichtsmaß= regeln wurden in Schwaben nicht vernachlässigt, die Festungswerke etwas in stand gesetzt (so in Ulm, Heilbronn), die Thore bewacht und die Fremden genau nach woher und wohin gefragt (Eßlingen); die benachbarten Orte sollten ihre Früchte und Mobilien in die Stadt schaffen. Eßlingen stellte seine Feld= und ledige Kompagnie auf, die sich bei „rührendem" Trommelschlag zu versammeln hatte. Heilbronn ließ in Hall Pulver aufkaufen und befahl seinen Thorwarten, den ankommenden Franzosen nicht mit Ungestüm zu begegnen: wenn es nur 4 Mann seien, sie hereinzulassen, ihnen aber eine Wache nachzuschicken; auch hier wurden aus den unverheirateten Bürgern, Burschen und Bauern Kompagnieen errichtet. In Ulm forderte der Rat die Bür= gerschaft auf, sich für ein Jahr mit Lebensmitteln zu versehen; „wegen jetziger Con= junktur" wurde auch der Baumeister Florian Krüger aus Glogau als Ingenieur und Schanzmeister angenommen. Auf den Hohentwiel, das unüberwindliche Berg= haus, wurde schon am 27. September der Generalquartiermeister=Lieutenant Ludwig von Holk von Tübingen aus durch den Herzog=Administrator beordert, um sich von der Beschaffenheit der Festung zu überzeugen; 12. Oktober berichtete er, die Festung sei von 150 Mann besetzt, aber es fehle an verschiedenen Lebensmitteln; doch schon am folgenden Tage brachte der Obervogt von Balingen v. Closen 150 gesunde, mehren= teils junge und starke Leute zur Verstärkung der Besatzung mit und, was ebenso erwünscht war, zugleich ein namhaftes Stück Geld — 1100 Gulden. Ähnlich mochten die Vorbereitungen sein, die im ganzen Lande getroffen wurden; die ein= zelnen Städte verabredeten, sich gegenseitig Mitteilung von allen Neuigkeiten, von allen Entschließungen zu geben, nach der frommen Sitte der Zeit wurden auch überall besondre regelmäßige Betstunden eingerichtet. Bange wartete man der Dinge, die da kommen sollten, und das Übel blieb nicht aus.⁹)

2. Die Kontributionen.

Ludwig hatte von Anfang an im Sinne, sein Heer auf Kosten des Landes, das er überfallen, zu erhalten, durch Plünderung und Kontributionen dieses möglichst zu schädigen und seinem Gegner unmöglich zu machen, den Unterhalt daraus zu ziehen. Zettel waren zum Voraus in französischer Sprache gedruckt, wo nur der Name des Orts, dem die Kontribution auferlegt war, und die Summe, wie hoch er geschätzt wurde, ausgelassen war. La Grange, der Intendant von Straßburg, durch dessen nicht ganz saubere Hände der größte Teil dieser Geschäfte ging, der Marschall Duras oder sonst einer der kommandierenden Generale füllte die Lücken aus; stets war nur eine sehr kurze Lieferungsfrist gestellt, die Münzsorte, das Gewicht und Maß der Fourage genau vorgeschrieben und im Falle der Nichteinhaltung oder Verzögerung mit militärischen Exekutionen, besonders mit Brandschatzung, gedroht. Trompeter oder Postillone brachten die unansehnlichen, schmutziggrauen Papierstücke an ihren Bestimmungsort. Jetzt noch werden manche als Erinnerungszeichen an eine schreckensvolle Zeit aufbewahrt; damals waren sie die Vorboten schlimmer Drangsale, namenloser Quälereien, tiefen Elends. Denn die Franzosen wußten ihren Befehlen und Drohungen Nachdruck zu verschaffen; planmäßig erhöhten sie die Zahl ihrer Truppen, vergrößerten sie ihre Erfolge, Widerstand sollte unmöglich und thöricht, willenlose Ergebung als Pflicht und Klugheit erscheinen.

Am 8. Oktober überreichte Juvigny dem Herzog-Administrator den Befehl des Marschall Duras: zum Unterhalt der französischen Truppen vor Phillippsburg habe das Land Württemberg 8000 Säcke Haber, 4000 Wagen Heu nach dem Orte Graben und 50 000 Bund Stroh nach Wiesenthal bis zum 15. Oktober abzuliefern, so daß der letzte Wagen Heu und Stroh an diesem Tage abgeliefert sein müsse. Vier Tage nachher, 12. Oktober, brachte ein französischer Trompeter nach Stuttgart die weitere Schreckenskunde, dem Lande sei eine Kontribution von 100 000 Reichsthalern (= 300 000 Livres)*) auferlegt. Begründet war diese furchtbare Forderung durch den Hinweis auf die Werbung, welche der Administrator für den Prinzen von Oranien vorgenommen habe. Daß dies nur der Vorwand für eine Erpressung war, welche man auf jeden Fall beabsichtigt hatte, lag auf der Hand; denn um dieselbe Zeit wurden die übrigen Städte und Stände des Kreises mit ähnlichen Brandbriefen heimgesucht, am 16. Oktober Gmünd mit 4000 Livres, Eßlingen mit 10 000, Heilbronn mit 20 000 Livres, Reutlingen mit 8000, Ulm mit 50 000, Rottweil mit 13 000 Livres, ohne daß irgend ein Grund angegeben wurde.

Wie ein Donnerschlag trafen diese übermäßigen Forderungen die entsetzte Bevölkerung. Man mochte sich am Württemberger Hofe einige Zeit mit der Hoffnung schmeicheln, den Zorn des Königs zu besänftigen, die Forderungen abzuwenden oder

---

*) Der Reichsthaler galt 1½ fl. = 3 Livres, dieser darf mindestens gleich 5 Frs. nach jetzigem Geldwert berechnet werden, also 100 000 Thaler = 1 200 000 Mark.

wenigstens zu verringern. Sogleich erging von dem Administrator der Befehl, die geworbenen 6 Kompagnien nicht außer Lands zu lassen, Juvigny wurde davon benachrichtigt, an den Dauphin in das Lager vor Philippsburg geschrieben und um seine Vermittlung gebeten. An schönen Worten ließen es beide nicht fehlen. Der Dauphin versicherte, er werde, soweit sein Herr und Vater damit einverstanden sei, stets bereit sein, den Schutz, welcher für den jungen Fürsten und das Herzogtum erbeten sei, zu gewähren. Aber der König war nicht geneigt auf eine Milderung einzugehen; ebensowenig Eindruck machte auf ihn ein sehr würdig gehaltenes Schreiben von Magdalene Sibylle, worin sie bat, doch ihren Sohn und das Land eine Sache nicht entgelten zu lassen, an welcher sie durchaus keinen Anteil haben; an der schuldigen Ehrfurcht gegen Seine Majestät habe es nie bei ihnen gefehlt. In derselben mutigen, würdigen Weise sprach sie sich gegen Juvigny aus: sie habe geglaubt, nichts fürchten zu dürfen, da das Land keinen Teil an diesen Aushebungen gehabt, und er sie oft der Gnade des Königs versichert habe; durch die Forderung von La Grange sei das Land mit dem Untergang bedroht; wenn der König fortfahre zu zürnen, so möge Juvigny doch bedenken, wie ungerecht es sei, diejenigen so zu behandeln, welche seinem eigenen Geständnis nach unschuldig seien, sie hoffe, er werde allen Einfluß aufbieten, um ihren Sohn, der ganz unschuldig sei und mehr das Mitleiden als den Zorn eines so großen Königs verdiene, zu schützen. Von einem Erfolg war leider nichts zu merken, und die beweglichen Entschuldigungsschreiben, welche der Administrator durch seinen Agenten Heß in Paris dem König, Louvois und Colbert le Croissy Ende Oktober übergeben ließ, richteten nichts aus; Louvois gab dem Agenten die harte Antwort: der Herzog habe ein ganz anderes Benehmen, als nötig sei, um ein gutes Einvernehmen mit dem Könige zu bewahren; er habe Ratschläge befolgt, welche dem Wohle seines Landes ganz zuwider seien.[10] Der Versuch, den König zu versöhnen, wurde nun aufgegeben, aber ebenso wenig gelang es andererseits Juvigny, jene 6 Kompagnien in die Hände des Königs zu spielen, wozu er große Lust zeigte; sie wurden von dem schwäbischen Kreise übernommen. Wohl oder übel mußte man sich in die Lieferung schicken; die Naturalien zu beschaffen war nicht allzuschwer, die große Geldkontribution aber konnte kaum und nur allmählich zusammengebracht werden. Außerordentliche Steuern und Anlehen mußten dazu mithelfen, am 7. Nov. wurden im Lager von Philippsburg 110 000 Livres bezahlt, zwei Tage nachher abermals 27 750 Livres. 15. November hatte das Haus Württemberg mit 24 000 fl. seinen letzten Rest entrichtet. Auf der Rückreise von den Franzosen traf der württembergische Geheimerat von Menzingen mit den Eßlinger Abgesandten in Durlach zusammen, welche ebenfalls ihr Heil bei den Herrn Generalen versuchen wollten. Aber wenig tröstlich klang seine Mitteilung: Württemberg stehe schwarz im Register; remonstrieren helfe nichts und bitte man um Geduld, so werden gleich die Fackeln gezeigt. Baden habe dieselbe Erfahrung gemacht, obgleich der Markgraf in Person dem französischen Kronprinzen im Lager aufgewartet habe. Den Eßlingern erging es nicht besser;[11] es that ihnen wohl, von Marschall Duras zur Tafel gezogen zu werden und von ihm und von General Montclar

Schreiben voll guter Contestationen an La Grange nach Straßburg zu erhalten, aber um so übler wurden sie dort empfangen. Der Intendant drohte sie zum grand profos in den Arrest zu schicken, binnen zwei Tagen nach ihrer Rückkunft müsse das Geld nach Straßburg geschickt sein, sonst komme die Exekution mit Brand; der Kommandant Chamilly habe schon den Befehl dazu; „sicher werdet Ihr verbrannt werden", fuhr er sie an, die Stadt sei überdies viel zu gering taxiert. So blieb nichts anderes übrig, als zu zahlen. Die Quittung ist vom 20. Nov. ausgestellt; der Banquier Commerell in Straßburg besorgte das Aufgeld und die richtige Münzsorte, alles mußte bar erlegt werden, weil sich in Wechseln nichts negozieren ließ.

Dieselben Vorkommnisse wiederholten sich bei den andern Orten; Ulm hatte die höchste Kontribution (für eine einzelne Stadt) erhalten; obgleich es schwer klagte, daß in diesen Kriegszeiten die Commerzien ganz zerfallen und die Schulden groß seien, bezahlte es seine 50 000 Livres, nachdem es von der Württembergischen Regierung dahin belehrt worden war, ein jeder von den Ständen des schwäbischen und fränkischen Kreises habe seine mesures zu nehmen, ob er im estat sei, die angedrohte Exekution zu evitieren oder zu großem Ruin seiner Angehörigen zu erwarten; Württemberg habe schon die Hälfte bezahlt ꝛc. In Reutlingen hatte man am 27. Okt. noch so viele Keltergeschäfte (!), daß man der Bundesstadt Eßlingen keine Antwort auf ihre Anfrage geben konnte, wie man es zu halten gedenke; bald folgte man dem Beispiele der andern, denn man hatte sie unter der Hand treulich gewarnt, ja nichts zu versäumen, um das Geld zusammenzubringen. Dr. Johann Georg Mohr brachte die 8000 Livres selbst nach Straßburg, wo auch er an Commerell einen hülfreichen Freund fand; bei seiner Rückkehr 12. Nov. konnte er erzählen, daß er zu seiner Verwunderung auf dem ganzen Kniebis keinen einzigen Franzosen angetroffen habe. Dem katholischen Weil der Stadt wurde auf Fürbitte der katholischen württembergischen Prinzessin Marianne nur die Zahlung von 3000 Livres angesetzt.

Den Kontributionen folgte die Besetzung des Landes auf dem Fuße. 16. Okt. hatten sich die Franzosen der steinernen Brücke bei Lauffen bemächtigt, der Paß über den Neckar stand ihnen nun frei. Schon am Abend des vorigen Tages hatten sich einige von Sinsheim her bis vor die Thore Heilbronns[18]) gewagt, sie verlangten die Ratsverordneten zu sprechen, und als ihnen dies gewährt wurde, eröffneten sie ihnen den Befehl des General Montclar, eine französische Besatzung aufzunehmen, sonst werde man nicht aufs freundlichste mit ihnen verfahren. Der Rat beschloß, Montclars Schreiben abzuwarten, schon am folgenden Tage traf dieses ein; die unverzügliche Aufnahme von 400 Reitern wird verlangt, denen die Stadt Bedienung und Fourage zu schaffen habe, dafür werde man die Einwohner sonst in Ruhe und alles im bisherigen Stande lassen. Die Entscheidung war schwierig, Hülfe und Entsatz war kaum zu erwarten, da der Feind den Neckar sperrte; lebhaft stand in aller Erinnerung das Schicksal des Dorfes Neckargartach, das 1675 eine französische Streifschar überfallen, gänzlich ausgeplündert und halb verbrannt hatte, und wo die Soldaten auf das grausamste mit den Einwohnern verfahren waren. Es war zu fürchten, daß sich solche Greuelszenen wiederholen, wenn man Widerstand leiste. Aber diese vorsichtigen, kleinmütigen Bedenken der Ratsherren waren nicht nach dem Sinne der Bürgerschaft, besonders ihres jüngeren Teiles, und mit Fug und Recht mochten diese daran erinnern, wie 1676, als eine andere Schar das benachbarte Böckingen bedrohte, die Bauern ihren Ort verrammelt und verstärkt durch städtischen Zuzug den Franzosen übel mitgespielt hatten. Trotz der schrecklichen Drohungen, welche die Franzosen vor den Thoren ausstießen und welche der Heilbronner Abgesandte von Rühle treulich im Rate berichtete, trotz des Hinweises auf Speier und andere Städte, welche sich auch ergeben haben, setzte die Bürgerschaft ihren Willen gegen den Rat durch, den Feind nicht einzulassen. Die Franzosen mußten die stürmische Nacht vom 16. auf den 17. vor den Wällen und Thoren zubringen, und als sie am Morgen ihre Aufforderung wiederholten, erhielten sie den höhnenden Rat, sich zurückzuziehen, sonst werde man ihnen eine feurige Antwort zusenden. Da stürmt um 12 Uhr eine Abteilung Dragoner das Neckarsulmer Thor, hauen es mit Äxten auf und bringen feuernd in die Stadt ein. Aber die wackern, mutigen Bürger bleiben ihnen nichts schuldig; von den Türmen heulen die Sturmglocken, mit verzweifeltem Angriff treiben die Bürger die Dragoner zum Thor hinaus und verrammeln es aufs neue; von den Wällen feuert man auf den Feind, der sich gegen Sontheim zurückzieht. Allein diese Heldenthat stellte die Einigkeit in der Stadt nicht her, flößte der zaghaften Ratspartei keinen Mut ein; es fehle an einem kriegsverständigen Kommandanten, an Lebensmitteln und Waffen, behaupteten sie; und als Montclar, der von der Uneinigkeit Kunde erhalten, am Abend des 17. Okt. noch einmal der Stadt die Wahl anbot zwischen seines Königs Gnade und dem ernstlichen Verfahren, da war der Rat entschlossen, die Bedingungen des feindlichen Generals anzunehmen. Unbekümmert um die Bürger, in welchen sich das unabhängige reichsstädtische Blut mächtig regte, die nur von der Treue gegen den Kaiser sprachen, in dem erbrochenen Zeughaus Waffen genug fanden und meinten, es sei dann noch Zeit sich zu ergeben, wenn man sich nicht mehr wehren könne, sandte der Rat am Morgen des 18. Okt. seine Abgeordneten in das französische Lager und vereinbarte dort die Bedingungen, unter welchen eine französische Besatzung aufgenommen werden solle (der genaue Inhalt derselben ist leider nicht mehr zu erfahren); in aller Stille wird ein von den Bürgern nicht beachtetes Thörlein geöffnet und die Franzosen ziehen ein! Zu dem Kampfe, den Montclar befürchtete, kam es nicht, die Bürger waren über diesen Verrat zu bestürzt und Montclar hatte die Vorsicht gebraucht, statt der ausbedungenen 400 Reiter 1300 in die Stadt zu führen. Nun erfuhr diese, was es heiße, in den Händen eines übermütigen, gewaltthätigen, habgierigen Feindes zu sein; allen denkbaren Quälereien waren die Bürger ausgesetzt. Die Wachen an den Thoren, vor dem Rathaus, auf den Türmen wurden von den Franzosen bezogen, bei schwerer Strafe mußten alle Waffen abgeliefert werden, die Glocken wurden von den Türmen genommen, eine große Kontribution an Fourage den Bürgern auferlegt, Montclars Nachfolger Remonville nahm statt des Rats die Zügel der Regierung in die Hand und trieb allen möglichen Unfug. Am 3. November rückten neue Feinde ein, mancher Bürger hatte 10 Mann im Quartier; sie werden schwerlich anders, als die in Eßlingen liegenden gehaust haben (f. u.). Auf 1000 Thaler komme das Quartier täglich die Heilbronner zu stehen, erzählte man, Marschall Duras spreche davon, das Winter=quartier dorthin zu verlegen, dies gäbe der Stadt den Herzstoß.[13])

Von mächtiger Wirkung, ja geradezu verhängnisvoll für das umliegende Land, für Württemberg war diese leichterrungene Einnahme der stattlichen Reichsstadt; Mont=clar selbst rühmte sich später, er habe sich mit so wenig Volk eines so glücklichen Erfolgs nicht versehen gehabt; eine langwierige Belagerung hätte ihn beim Nahen des Winters empfindlich gehindert, vor allem aber hätte ein mannhafter, hartnäckiger Widerstand die moralischen Kräfte gehoben und die andern Städte zu gleichem mut=vollem Thun angefeuert. Der leichte Sieg steigerte nun den Übermut der Franzosen; mit unverhohlener Freude erkannten sie die Uneinigkeit der Deutschen, die Wirkung, welche ihre Drohungen hervorgebracht. Ihre geringe Anzahl, ihre Schwäche hatten sie listig hinter großen Worten verborgen, jetzt galt es nur, auf dem betretenen Wege weiter zu schreiten, eine Forderung, eine Drohung auf die andere folgen zu lassen, den Deutschen keine Ruhe, keine Rast zu gönnen, hie und da ein Exempel zu statuieren und dadurch eine kräftige Gegenwehr im voraus abzuschneiden. Dieses auf die Ein=schüchterung, auf die unglaubliche Geduld der Deutschen berechnete Verfahren wurde 2 Monate lang mit beispiellosem Erfolg beinahe überall in jenen Gegenden durch=geführt; das französische Heer erhielt sich nicht bloß in dieser Zeit, sondern vom General bis zum gewöhnlichen Soldaten bereicherte sich alles durch ein Plünderungs=system, das seinesgleichen in der Geschichte sucht. Wie eine ansteckende Krankheit wirkte das Beispiel von Heilbronn auf die andern Städte Süddeutschlands; war Heilbronn dem Vorbilde von Speier, Worms und andern gefolgt, warum sollten sie nicht auch das Gleiche thun? Mit wenigen ehrenvollen Ausnahmen blieb dies die Losung in den nächsten zwei Monaten.

Indessen vermehrte das Näherrücken der Franzosen die Aufregung in den noch nicht besetzten Gegenden; die verschiedensten Gerüchte schwirrten durch die Luft und wurden, wie dies in solchen Zeiten zu gehen pflegt, begierig geglaubt, man drängte sich um die Postillone und Expressen, welche viel häufiger als sonst von einem Orte zum andern jagten; leider lauteten die Nachrichten, welche sie brachten, selten be=friedigend; es fehlte auch nicht an schlechten Leuten, welche über die Obrigkeit schmähten und schimpften, und in Eßlingen z. B. hielt es der Rat für nötig, von der Kanzel herab einen Erlaß gegen dieses üble Reden verlesen zu lassen. Reiche, hochgestellte Personen flüchteten aus dem unsichern Lande; in der Nacht vom 17.—18. Oktober wurde die Bürgerschaft von Eßlingen allarmiert, nicht bloß durch die Nachricht von der Übergabe Heilbronns, sondern durch einen „Trupp Leute", welche mit Fackeln und Windlichtern vor dem Pliensauthor erschienen — es war Eleonore Juliane, die Frau des Administrators, welche mit ihren Kindern sich nach Nürnberg flüchtete. Einem dienstthuenden Kavalier aus dem Gefolge entfuhren einige Worte in fran=zösischer Sprache, sogleich verbreitete sich in der angsterfüllten Stadt das Gerede: der Feind stehe vor den Thoren. Kurze Zeit darauf folgte der Administrator selbst seiner Gemahlin ins Ausland. Am 23. Oktober war er auf dem Hohentwiel, „um diesen importanten Posten bei so geschwinden Läuffen zu inspizieren und um seine Person, dem Land zum besten, in mehrere Sicherheit zu setzen." Der französische Gesandte Jubigny in Stuttgart bat dringend um seine Rückkehr; auch des Herzogs „Frau Geschwey", die Frau Wittib Magdalene Sibylle, bat darum: Jubigny könne ein favorables Schreiben von Marschall Duras vorweisen, auch gebe er sonst die bündigsten Versicherungen für seine Sicherheit. Der Herzog versprach, sobald die Festung in etwas versehen sei, in Gottes Namen die Rückreise anzutreten und sich dem fürstlichen Haus und dem ganzen Land zum besten ganz willigst zu sakrifizieren. Es kam aber nicht dazu. Ende Oktober war der Herzog-Administrator in Regensburg, ob er vorher noch einmal in Stuttgart gewesen, ist nicht sicher. Magdalene Sibylle dagegen verließ ihr Land und die Residenz nicht, sie war entschlossen, alle Gefahren mit ihren Unterthanen zu teilen; sie kannte ihre Pflicht, in dieser schweren Zeit als Mutter des jungen Herzogs die Interessen der Familie und des Landes mit allen Kräften zu wahren, sie unterschätzte nicht den Eindruck, welchen es auf den gewöhnlichen Mann macht, wenn sie, eine schwache Frau, da aushalte, wo Männer verzagen und sich flüchten, sie rechnete darauf, durch Mut und Ruhe, durch einfache weibliche Würde dem Feinde die Achtung abzuzwingen, welche einer Frau und Fürstin gebühre, sie baute vor allem auf Gottes gnädigen Schutz, und ihr Vertrauen wurde nicht getäuscht. Jetzt war sie recht eigentlich die Seele der Regierung; in den „geschwinden Läuffen" war es ja nicht möglich, gerade die wichtigsten Entscheidungen dem Herzog in Regensburg zu überlassen, an die Herzogin wandte sich alles um Rat und Fürsprache und Entscheidung. Wohl hat sie keinen heroischen Widerstand wider den Feind organisiert, was für eine einzelne Stadt möglich, war für sie, der die Wohlfahrt des ganzen Landes am Herzen liegen mußte, viel schwieriger. Nachdem man einmal den Weg der Unterwerfung beschritten, war es für sie, die kein Heer zusammenbringen, organisieren und sich an seine Spitze stellen konnte, schwer, denselben zu verlassen; aber sie hat gethan, was sie konnte, sie scheute keine Verhandlungen mit Jubigny, Montclar und andern französischen Offizieren, auch wenn sie sehr widerwärtiger Natur waren, um die Anmaßung, Wut und Habsucht der Franzosen in Schranken zu halten, Stadt und Land vor noch größerem Schaden zu bewahren. Nach dem eigenen Zeugnis der Feinde war sie es allein, die ihnen imponierte, und vollständig verdiente sie den Ehrennamen, welchen die dankbare Mitwelt ihr beilegte, sie sei „eine rechte Landesmutter". Aber ihren Sohn, den Landprinzen, brachte sie bei Zeiten in Sicherheit; es ging das Gerücht, der Marquis de Villars sei abgesandt, mit 500 Mann ihm den Paß zu verlegen und ihn als Geisel wegzuführen; in aller Stille wurde der Prinz Ende Oktober unter treuer Hut über die Grenze nach Regensburg geschafft.

Schwer lastete die Hand des Eroberers auf dem besiegten Lande, die großen Lieferungen an Fourage konnten bald kaum mehr aufgebracht werden, und wenn man das Heu auch „fein spitzig, auf das Gesicht berechnet, und ohne Bauch" auf die Wägen lud und beim Abladen sehr „luz" legte, so half bald auch dieser Kniff nichts mehr und man mußte statt der Naturprodukte Geld beischaffen. Aussicht auf Erleichterung, auf Befreiung war nirgends zu hoffen. Die schwäbischen Kreistruppen standen tief in Ungarn, wegen der glücklichen Progressen der christlichen Waffen sollten sie Ende September heimkehren, infolge des feindlichen Einbruchs rief man sie so rasch als möglich zurück, durch ein Schreiben vom 9. Oktober mit der ordinari Innsprucker Post[14]), und der Herzog=Administrator war auch deswegen nach Regens= burg gegangen, um von dort und von München aus den Marsch zu beschleunigen, den Zuzug anderer Hilfsvölker zu betreiben. Aber der Marsch der vier Regimenter unter dem Markgrafen Karl Gustav von Baden ging trotzdem sehr langsam von statten; am 19. Oktober hielten sie in Ofen einen Rasttag, um sich zu verproviantieren; 2. November waren sie erst in Wien, 21. in Eger; da war es denn auch kein Wunder, daß sie erst am 27. November in Thauß an der kurbayrischen Grenze standen, denn außer den schlechten Wegen und den mangelhaften Verkehrsmitteln überhaupt hielten die Verhandlungen mit den verschiedenen Reichsständen wegen des Durchmarsches unsäglich auf. Das schöne Lob und die treffliche Mahnung, welche der Kaiser durch seinen Gesandten den versammelten Kreisständen auf dem Tage in Ulm (23.) spenden ließ: er erkenne billig die große Sorgfalt und Treue an, welche dieser Kreis in allen Okkasionen erzeigt; man möchte die Hände nicht sinken noch sich intimidieren lassen, sondern in Kontinuierung der bisherigen Vigilanz sich alles dessen bedacht sein, was zur Konservierung dieses Kreises dienen möge — waren eben Worte ohne Thaten. In Mödlingen beschlossen die oberschwäbischen Stände auf einem engeren Kreistag in patriotischer Begeisterung, eher einen Landsturm zu wagen, als einen Heller zu zahlen, aber sie waren weit von der Gefahr und die württem= bergische Regierung, auf welche man starkes Vertrauen setzte, erklärte kühl: da das Land die Exekution schon auf dem Hals hätte, müßte es sich zu möglichster Leistung des Verlangten verstehen. Auf die Bitten des Bischofs Franz Johann von Konstanz hatte die Eidgenossenschaft Konstanz und die vier Waldstädte Waldshut, Säckingen, Rheinfelden und Laufenburg unter ihren Schutz genommen, und um seinen aller= liebsten Freunden seine aufrichtige Sincerität zu zeigen, hatte König Ludwig gerne in die Proposition gewilligt, daß die genannten Orte neutral bleiben sollten. Trotzdem drang einmal eine Raubpartie von 300 Mann von Hüningen aus bis nach Säckingen und plünderte das Städtchen gründlich aus. Die württembergische Regierung hatte das Vertrauen zu der Schweiz, daß sie ihre Protektion auch auf den Hohentwiel extendiere;[15]) ob diese Hoffnung in Erfüllung ging, ist nicht mehr nachzuweisen, jedenfalls blieb die Festung vom Feinde verschont.

Nur allzugut waren diesem die schwachen Aussichten auf Hilfe bekannt, um so maßloser wurden seine Ansprüche und Forderungen. Kaum war eine Kontribution bezahlt, eine Lieferung beigeschafft, so wurde eine neue auferlegt, in dem Gelieferten hatte man ja den Beweis, daß die Leute noch leistungsfähig seien; das Württem= berger Land schien nichts anderes zu sein, als eine große Verpflegungsstation der französischen Armee, eine Goldgrube für den französischen Staat, eine kaum zu er= schöpfende Geldquelle für die Habgier der französischen Offiziere und Soldaten. So sicher fühlte man sich in dem okkupierten Lande, daß eine kleine Streifpartie von

45 Mann unter einem Offizier Champagnol vom Regiment Feuquières von Heilbronn aus unangefochten nach Eßlingen[16]) gelangte und die naive Forderung stellte, das Schloß zu besichtigen, da die Stadt eine freie neutrale Reichsstadt sei (19. Nov.). Die Eßlinger erschraken heftig über die ungebetenen Gäste, von deren Heranzug man schon vorher Kenntnis gehabt; aber als sich bei den Verhandlungen zeigte, daß der Offizier gar keinen schriftlichen Befehl vorzuweisen hatte, daß er auf der Landkarte gar schlechten Bescheid wußte, die Lage und Nachbarschaft von Eß-lingen gar nicht kannte, so wurde er abgewiesen unter dem Vorgeben: Eßlingen sei gar kein fester haltbarer Ort. Man versorgte die Mannschaft mit Wein und Brot, den Offizier mit einem Hammelschlegel und erging sich dann, nachdem die Gefahr glücklich vorüber war, in allerlei Vermutungen, ob die Streiffschar Eßlingen mit einem andern Orte ähnlichen Namens verwechselt habe, ob sie Deserteure oder gar nur eine „Maußparthie" (Plünderungsschar) seien? Später stellte sich heraus, daß wirklich eine Verwechslung des Ortes stattgefunden hatte, aber die unfreiwillige Rekognoszierung bestätigte den Franzosen, wie willig sich Land und Stadt unter das ihnen auferlegte Joch beuge, der Weg für die kommenden Plünderungszüge war da-mit gebahnt. Wie sie betrieben werden sollten, dazu kamen von Paris und Versailles aus direkt von Louvois die Vorschriften. Am 17. November schrieb Louvois an La Grange, er sehe den König geneigt, Stadt und Festung Mannheim vollständig zer-stören zu lassen, so daß kein Stein auf dem andern bleibe; doch wünsche der König, daß dies Vorhaben vorerst niemand zur Kenntnis komme. Für den Marschall Duras, der nach der Eroberung von Mannheim mit dem Dauphin nach Frankreich zurückge-kehrt war, kommandierte jetzt Baron Montclar; unter ihm standen die Brigadegenerale Feuquières, Melac und Peysonel, mit Ausnahme des letztgenannten rohe Kriegs-knechte, habgierig und brutal. Montclar erhielt von Louvois, im Namen des Königs, die gemessensten Befehle, unter der Drohung der Plünderung und vollständigen Zer-störung den Einwohnern des Landes so viel Geld als möglich abzupressen, in Würt-temberg die Städte Stuttgart, Eßlingen, Tübingen, mit einem Wort alles was man erreichen könne, ohne die Truppen des Königs allzugroßer Gefahr auszusetzen, zu plündern und zu zerstören, ja selbst Mordbrenner zu dingen, um durch den Schrecken besonders der nächtlichen Feuersbrünste den Ertrag der Kontributionen weit über die gewöhnlichen Grenzen hinaus zu steigern.[17]) Man würde solche Befehle, welche allem menschlichen Gefühl geradezu Hohn sprechen, gern für unmöglich oder gefälscht halten, aber sie sind nur allzuecht; sie sind demselben Geiste erbarmungsloser Grau-samkeit entsprungen, welcher sich in den schrecklichsten Verfolgungen der eigenen Lands-leute gefiel, weil sie Protestanten waren. An Härte und Selbstsucht waren König und Minister einander gleich und die Diener und Untergebenen, Offiziere und Zivilbeamten beseelte mit wenigen Ausnahmen dieselbe Gesinnung, ganz abgesehen davon, daß sie strengen Verweisen, empfindlichen Zurücksetzungen ausgesetzt waren, wenn sie den Gefühlen der Menschlichkeit Rechnung trugen und die vorgeschriebenen Befehle nicht auf das genaueste ausführten.

Mitte November trat der Marquis von Feuquières einen Raub= und Brandzug in das Fränkische an; [16]) eine verhältnismäßig kleine Schar hatte er bei sich, 1000 Dragoner, 3—400 Mann zu Fuß und 5 Geschütze, aber vor ihnen her ging der Schrecken, wie hinter ihnen das Elend und Zerstörung folgte; er selbst rühmt sich der Furcht, welche er überall eingejagt habe, und wenn die Bewohner der Gegend in unbeschreiblichen Jammer und Entsetzen gerieten, wenn ein allgemeines Rennen und Fliehen nach den befestigten Orten, nach den großen Städten, nach entfernten sicheren Gegenden erfolgte, so wußten die Leute sehr wohl, warum sie sich in Sicherheit brachten. Wehe dem Orte, der eine Einquartierung, eine Besatzung auch nur für einige Tage erhielt, er war beim Abzug der Feinde halb oder ganz ruiniert, er glich beinahe einer im Sturme eroberten Festung; die Einwohner wurden auf alle mögliche Weise geplagt und geschunden, verspottet und mißhandelt; die Vorräte an Lebens= mitteln wurden genommen, fortgeführt oder zerstört, unter allen möglichen Vorwänden und Drohungen wurde ihnen Geld abgepreßt, ohnmächtig mußten sie dem Ruin ihrer Habe zusehen und konnten nichts thun, als dem übermütigen, abziehenden Feinde ihre Flüche nachsenden. Wehe der Gegend, welche die Kontribution nicht zahlte, un= barmherzig wurden die angesehensten Bürger als Geisel fortgeschleppt und in harter Gefangenschaft gehalten, bis die Brandschatzung erlegt war. Rings um die Städte, welche den Feind nicht aufnahmen, gingen die offenen Gebäude, die Mühlen, die Ortschaften in Flammen auf, schauerlich erhellten die brennenden Dörfer die Nacht, verbrannte Häuser, zerstörte Felder, Haufen von Erschlagenen zeigten die Wege, welche die Franzosen genommen hatten.

Neckarsulm, Öhringen, Künzelsau und ihre Bezirke wurden gebrandschatzt (die Summen konnte Verfasser nicht finden), die Grafschaft Hohenlohe mußte 5000 Thaler Brandsteuer zahlen und 35 000 Rationen Fourage liefern, das Städtchen Wal= benburg kaufte sich von der Einquartierung mit 2500 Gulden los, Möckmühl, Hornberg wurden je zu 2500 Rationen taxiert, nach Würzburg, Bamberg, Ansbach, Nürnberg, Eichstädt, Dillingen 2c. wurden Brandbriefe gesandt, immer weiter erstreckten sich die Gelüste der Franzosen, da sie fast nirgends Widerstand erfuhren. Schon am 30. Oktober war eine kleine Schar von Ilshofen her bis Crailsheim gedrungen, binnen einer halben Stunde hatten sie in Onolzheim 4, in Roßfeld 8, in Tiefenbach 16 Gebäude niedergebrannt. Am 20. November kam nun Feuquières vor Crailsheim, dort lagen 600 Mann Kreistruppen unter dem Hauptmann Engelbronn; ein Aus= fall, welchen 48 Mann unternahmen, wurde zurückgeschlagen. Der Hauptmann selbst begab sich in das Lager von Feuquières. Unvorsichtigerweise hatte er sich nicht freies Geleite für die Rückkehr ausbedungen, so behielt ihn der Franzose einfach zurück und erpreßte von ihm den Befehl zur Übergabe der ihm anvertrauten Stadt. Glücklich entrann noch die Reiterei, der Rest der Besatzung, 300 Mann stark, wurde gefangen nach Heilbronn geführt, an den Händen zusammengekoppelt, nur mit zerrissenen Hemden bekleidet, und dort bei großer Kälte in die Wage unter das Rathaus gesperrt. Der Oberbürgermeister Johann Brackenheimer, der Apotheker und Ratsherr Mack wurden als Geiseln nach Heilbronn geschleppt, bis die Brandschatzung erlegt war; erst am 26. Dezember, nachdem Feuquières 1600 fl. Kaution — wohl für seinen eigenen Beutel — erhalten hatte, kehrten sie in ihre Heimat zurück.

Von Crailsheim wandten sich die Mordbrenner nach Mergentheim; dort lagen brandenburgische und sächsische Truppen, so daß Feuquières nicht wagte, die Stadt anzugreifen, um so gründlicher aber die Umgegend verheerte. Auch Rothenburg an der Tauber ergab sich nicht, trotzdem daß ein Ausfall der Besatzung zurückgeschlagen wurde; 17 Ortschaften in der Nähe, darunter Schedenbach und Steinsfeld, gingen in einer Nacht in Flammen auf, gegen 200 000 Malter Getreide wurden dabei vernichtet; wehrlos mußten die Leute der Zerstörung ihrer Habe zuschauen, denn, damit niemand lösche, stellten die Franzosen jedesmal eine Anzahl „verteufelter Bösewichter" zu dem Feuer. Würzburg, Eichstädt (25 000 fl. Kontribution) wurden heimgesucht, bis vor Nürnberg streiften die Mordbrenner, vor den Thoren der Stadt legten sie einige Dörfer in Asche, über Ansbach, Wassertrübingen, Öttingen (14 000 fl. Kontribution) zogen sie nach Nördlingen, das durch „sonderbare göttliche Schickung" am wohlfeilsten davon kam, indem sie in den zwei Tagen ihres dortigen Aufenthaltes nur ein einziges Dorf, freilich dies bis auf den Grund, ruinierten. Auch württembergische Orte wurden von hier aus mit Kontributionen bedacht, z. B. Bopfingen. Dann wandten sie sich zur Donau, verlangten von Augsburg eine Kontribution, brandschatzten Dillingen mit 8000 fl., Lauingen mit 10 000 fl., Gunbelfingen mit 7000 fl. Am 7. Dezember standen sie bei Langenau im Ulmer Gebiet. Dort erfuhren sie lebhaften Widerstand. Ulm, die wichtige Stadt, welche weit und breit die Gegend beherrschte und den Weg über die Donau sperrte, hatte sich auf alle Kriegsfälle vorbereitet und das Starhembergische Regiment, 1700 Mann stark, auf dem Rückweg von Philippsburg nach Österreich, 16. November als Besatzung aufgenommen. Auf die Nachricht von Feuquières Anmarsch ließ der Rat eine Aufforderung an die Bürgerschaft ergehen, wer sich als Freireiter melden wolle? 23 Bürger meldeten sich und erhielten aus dem Zeughaus die nötige Ausrüstung. An demselben Tage rückte eine starke Truppenabteilung, bestehend aus 250 Mann zu Fuß, einer Kompagnie Dragoner von dem Starhembergischen Regimente, 250 Ulmern, 4 Geschützen, den Freireitern und dem Bauernauszug, nach Langenau. Am 8. Dezember kam es dort zum Gefecht, das von morgens 9 bis mittags 4 Uhr währte. Wacker drangen die Ulmer unter dem Bierbrauer Sebastian Müller an, die Franzosen wurden völlig zurückgeschlagen; sie verloren 50 Tote und eine Menge Verwundete, während die Ulmer nur den Verlust von 7 Toten und 15 Verwundeten zu beklagen hatten. Leider wurde der Feind nicht energisch verfolgt, die Ulmer Offiziere hatten in der Nacht vor der Schlacht in Langenau zu stark gezecht! So konnte Feuquières seine reiche Beute, darunter sechs mit Geld gefüllte Wagen, ungehindert in Sicherheit bringen, ja sie im Württembergischen noch vergrößern. Brand und Raub bezeichneten wieder seine Spur. Nerenstetten war schon vor der Schlacht in Brand gesteckt, in Bernstabt verbrannten sie das Schloß und 8 Häuser, Scharenstetten, Nellingen, Tomerdingen wurden zum Teil gebrandschatzt und geplündert. Am 17. Dezember (?)[19] kam der verwegene Freibeuter von seinem Raubzuge nach Heilbronn zurück. Bestürzung, Furcht, Rat= und

Mutlosigkeit der Bauern und Bürger hatten das Unternehmen des frechen Franzosen ebenso begünstigt, wie der Mangel an regulären Truppen bei den Deutschen. Wo die Feinde solche fanden, wo man ihnen besonnenen, ernsthaften Widerstand leistete, wichen sie sogleich zurück. An Louvois konnte Feuquières berichten, daß er über 2 Millionen Livres erbeutet habe; er selbst, rühmte er später in Paris, habe über 100 000 fl. (300 000 Livres) dabei und bei späteren Exekutionen gewonnen; „denn wenn die guten Leute das Geld, das man ihnen auflegt, auf den Tisch zählten, so legten sie noch eine Summe bei mit den Worten: das ist für den Herrn"[20]). Die Leute wußten nur allzugut, warum sie dies thaten, denn die Brandschatzung von Gingen wurde nicht angenommen, bis man jedem Obersten noch 1000 fl. „Recompense" dazu legte. Ähnlich wird es überall gewesen sein, die von Feuquières verspottete Gutmütigkeit der armen Geplünderten hatte ihren sehr realen Grund in der Furcht vor der Grausamkeit der habsüchtigen Feinde.

3. Melac in Eßlingen.

Zu gleicher Zeit schickten sich diese an, das Neckarthal in ähnlicher Weise abzuernten und auszuplündern. Der Brigadegeneral Melac[21]) war mit diesem Auftrage betraut, und von allen Franzosen, mit welchen die unglücklichen Württemberger zu thun bekamen, hat keiner so viel Haß auf sich geladen, kein Name ist bekannter als dieser, kein Mann war gefürchteter. Ezechiel Dumas, Graf von Melac, geb. 1636 in Libourne, war mit frühen Jahren in die Armee getreten; bald galt er für einen der fähigsten und gefürchtetsten Führer von Streifkorps, aber ebenso früh war er bekannt durch seine maßlose Heftigkeit und Unmenschlichkeit. Eine echte Landsknechtsnatur, frei von allen Skrupeln und Rücksichten, gleichgültig gegen religiöse und humane Beweggründe, führte er die ihm aufgetragenen Verheerungen auf das brutalste, mit barbarischer Freude an der Zerstörung aus. 1677 gab er von seiner Neigung zu verheeren die ersten Proben, ein Dorf bei Antwerpen wurde ganz geplündert und fast ganz verbrannt, um den Bürgern von Antwerpen Furcht einzujagen. Die Dörfer im Luxemburgischen, aus denen wir Vieh wegnahmen, schreibt er 1681, wurden beinahe ganz verheert und sind nicht mehr im stande, etwas zum Unterhalt der Garnison von Luxemburg beizutragen. Mit Vorliebe wurde Melac dazu kommandiert, wenn es einen Plünderungszug galt, so 1683 im Limburgischen, 1686 in den Alpen gegen die unglücklichen Waldenser. Von Piemont wurde er nach Deutschland entsandt, der Ruf seiner Wildheit war ihm vorausgezogen, wer sein rotes Gesicht sah, wich ihm gern aus; kam es doch vor, daß er in einem Spital auf einen armen Kranken mit dem bloßen Degen losging ohne alle Veranlassung. Der Tadel und Vorwurf, welchen er wegen seiner Habsucht von seinen Vorgesetzten trotz seiner Tapferkeit häufig zu hören bekam, machte wenig Eindruck auf ihn, er blieb ein harter, grausamer Kriegsknecht. Wie es Eßlingen unter ihm ergangen ist, darf wohl ausführlicher erzählt werden; die fleißige Hand des damaligen Stadtschreibers Johann Philipp Datt (geb. 1654, † 1722) hat Tag für Tag darüber Buch geführt, was seine unglückliche Vaterstadt zu erdulden gehabt; ähnlich mögen die Feinde auch an andern Orten gehaust haben.

Am 6. Dezember (wie es scheint) waren die Franzosen von Heilbronn aufgebrochen, besetzten am 7. Marbach und hausten dort greulich, sie gingen von Haus zu Haus, brachen die Thüren ein und plünderten alles; der Oberst lachte die Leute, welche sich beklagten, nur aus. Cannstatt, das auf herzoglichen Befehl ohne Widerstand die Thore öffnete, kaufte sich mit 2000 fl. und einer Verehrung für jeden Offizier los (8. Dezember), sie ließen sich ferner Zeit, die benachbarten Dörfer Fellbach, Öffingen, Schmiden ꝛc. gründlich heimzusuchen; 9. Dezember schlug Melac den geraden Weg nach Eßlingen ein. Dort wußte man schon seit einigen Tagen, daß der Zug der Stadt gelte, der Sekretär Ferber, ein gewandter, schmiegsamer Mann, der schon zu allen möglichen Sendungen, nach Heilbronn, nach Stuttgart, zu Freund und Feind, gebraucht worden war, hatte auf einer Reise nach Heilbronn davon gehört und die Kunde nach Eßlingen gebracht. Die Stuttgarter Nachbarn gaben auf die Anfrage, was man thun solle, den nicht sehr tröstlichen Bescheid: wenn Eßlingen in solcher Postur und Verfassung sei, daß sie sich zu wehren getrauen, sollen sie es auf ihre Verantwortung thun, württembergischerseits müßten sie Gott walten lassen, wie es gehe. Der Mut der Eßlinger wurde dadurch nicht gehoben; als es zur Gewißheit wurde, daß die Kriegsrute, die so lange drohend über der freundlichen Reichsstadt geschwebt, sich auf sie niedersenken werde, geriet alles in die größte Bestürzung. Wie gewöhnlich wurde die Macht des Feindes übertrieben, die eigene Kraft recht nieder angeschlagen: durch das ganze Land seien die Feinde marschiert, ohne den geringsten Widerstand zu finden, wo man ihnen aber nur ein Thor versperrt, haben sie mit Sengen und Brennen gewütet; die Mauern und Türme von Eßlingen seien zu weitläufig, um sie von der Bürgerschaft besetzen zu lassen, es fehle an Konstablern und Büchsenmeistern, Hilfe sei nicht in der Nähe und Ferne, nicht eine halbe Stunde lang könne man sich gegen eine auserlesene Mannschaft wehren. Gegen den Kaiser könne man sich entschuldigen, daß man nach dem Beispiel anderer Kur- und Fürsten nur der Gewalt weiche, um der Stadt gänzlichen Untergang zu verhüten, die Treue gegen ihn und das Reich aber damit nicht verletze. So beruhigten sich die Gewissen und man beschloß im Rate mit Stimmenmehrheit, sich nicht zu wehren, den Franzosen den verlangten Ein- und Durchzug zu gestatten, aber zuvor durch Deputierte bei Melac den Versuch zu machen, eine gute Kapitulation zu erlangen.

Am Morgen des 9. Dezember standen Melacs Truppen vor der Stadt am Mettinger Thor; es waren 1500 Reiter und 2800 Mann zu Fuß, im ganzen vier Regimenter, aber mit einem ganz unverhältnismäßig großen Stab von Offizieren; nicht weniger als 565 Offiziere waren dabei oder wurden herausgerechnet, ein Umstand, welcher die Lasten der Stadt gewaltig vermehrte. Eine eigentliche Kapitulation kam, wie es scheint, nicht zu stande, die Stadt ergab sich ohne Widerstand, bedingungslos, um so mehr, da Melac erklärte, nur auf dem Durchmarsch begriffen zu sein. Jubigny, welchen Ferber in der Nacht vom 8.—9. von Stuttgart als Fürsprecher

Der französische General und Mordbrenner Melac nebst Facsimile.
Nach einem gleichzeitigen Stich.

geholt, erklärte, nichts thun zu können, die Stadt sei in viel sicherere und stärkere
Hände gefallen; es war nur allzu wahr. „Ihr seid schlecht verteidigt," rief Melac
dem Konsulenten Schäfer zu, der mit entblößtem Haupte neben ihm ritt, insgeheim
mochte er triumphieren, daß die Stadt keinen Widerstand geleistet, denn er wunderte
sich nachher über die Höhe und Stärke der Mauern. Am innern Thor erwarteten
ihn die Häupter der Stadt, der Bürgermeister Beer, Dr. Nagel, Datt, Egger, noch
stand die städtische Thorwache auf ihrem Posten. Da fuhr Melacs Bruder Larrande
die Verdutzten an: Marchez, bougres (fort, ihr Schufte!) und trieb sie mit ge=
schwungenem Stocke fort. Die letzte militärische Thätigkeit der Eßlinger Bürger
hatte damit aufgehört, die Franzosen besetzten die Burg und die Thorhäuser, nahmen
die Schlüssel der Stadt in Verwahrung, und da sie nicht im mindesten daran dachten,
sogleich wieder abzuziehen, hatten sie wie in einer Falle alles beisammen. Nun be=
gann ein Kontributions= und Plünderungssystem, wie es raffinierter und gemeiner
nicht gedacht werden kann. Eine Kommission, welche die Quartiere ordentlich ver=
teilte, war nicht bestellt; wer ein Recht auf Befreiung von Quartier hatte, die Be=
amten, Geistlichen 2c., machte dies möglichst geltend, um die schlimmen Gäste nicht
in das Haus zu bekommen; so war die Last höchst ungleich verteilt, manche, auch
arme Bürger, hatten 10—15 Leute, andere niemand. Für den ersten Abend hatte
man den „großen Fehler geschossen", die Offiziere allein in die innere Stadt auf=
zunehmen, dort wurden sie in den Gasthöfen und besten Häusern einquartiert, die
Soldaten aber, die Reiter und das „unbändige" Fußvolk, kamen in die Vorstädte.
In der Pliensau und Beutau hatte oft ein kleines Haus 15 Mann, die Reiter
mußten ihre Pferde in die Keller stellen, ja der eine und andere führte sein Tier
sogar die niedere Treppe herauf in das Zimmer. Da die Soldaten ohne Aufsicht
waren, überließen sie sich allem Mutwillen, die Leute wurden geängstigt und ge=
schlagen, man forderte von ihnen alles mögliche, unsinnige Geldsummen, und erpreßte
dieselben durch Drohungen und schwere Mißhandlungen. Angesehene Bürger wurden
an den Deckbalken aufgehenkt und erst als sie „verschwarzten" und zu ersticken drohten,
wieder abgeschnitten; ein Bürger wurde erschossen, einige Häuser nach „Dragoner=
weise" geradezu ausgeplündert.

Wohl fuhr Melac auf, als man sich bei ihm beklagte, man nahm eine andere
Quartiereinteilung vor, er versprach Ordnung zu schaffen, bei Trommelschlag wurde
dies ausgerufen, mit Kugel und Galgen gedroht, aber es kam nie zu einer Exekution,
welche der verwilderten Soldateska ihre Zucht wiedergegeben hätte, es kam auch nie zu
einer leidlichen Ordnung in der Stadt; hie und da ging Melac in ein Haus und
stellte geschwind die Ordnung her, indem er einen Soldaten mit seinem Stock
bestialisch abprügelte oder seine Hunde auf sie hetzte, aber im Ganzen ließ er sie ge=
währen, handelten doch er und seine Mitoffiziere gerade so, wo nicht noch schlimmer.
Niemand wollte gerne mit dem wilden grausamen Mann zu schaffen haben, der,
wenn er keine Gelegenheit hatte, seinen Zorn an einem lebenden Wesen auszulassen,
grimmig „in einige bei sich in der Tasche habende herbe Äpfel biß", wie unser
Berichterstatter erzählt. Einem harmlosen Bürger, welcher ihm einst arglos zuschaute,

als er eine Verpflegungsorbre schrieb, stieß er im Zorn die Feber in die Wange. Besonders fürchtete man seine zwei wilden mächtigen Hunde, von benen er stets begleitet war, und welche auch das Schlafzimmer mit ihm teilten; oft hetzte er sie auf Men= schen, und jebermann, selbst seine eigenen Landsleute, blickten scheu auf die unheim= lichen Bestien, welche man für „zauberisch" hielt und benen man zutraute, „baß sie ihrem Herrn alle Geheimnisse offenbarten". Nur ein Mittel gab es, ihn zufrieden zu stellen und gut zu stimmen, dies war bas Geld; bavon möglichst viel zusammen zu rauben, barin hatte er eine staunenswerte, man weiß nicht, soll man sagen geniale ober biabolische Meisterschaft. Bei seinem Einzug hatte er verheißen, scharfe Orb= nung zu halten und keine Insolentien aufkommen zu lassen; zum Danke bafür wurben ihm von der Stadt 2100 fl. (16 000 Mk. nach bem jetzigen Gelbwert) verehrt; sein Bruder Larranbe erhielt 94 fl., der Kapitänlleutnant Aremberg 225 fl. Betrübt bemerkt der Berichterstatter, es seien meistens gute Sorte gewesen, doch betrug allein der Kursverlust 335 fl. Als nach der ersten Schreckensnacht 9./10. De= zember Bürgerschaft und Rat in Melac brangen, doch ben Unordnungen zu steuern, verhieß er es durch Trommelschlag bekannt zu machen, aber man mußte ihm weitere 3000 fl. bafür zahlen, ein Drittel sogleich, ben Rest am andern Tag; Aremberg erbat sich eine Diskretion von 75 fl., bie Offiziere, welche für ihren General bas Geld in Empfang nahmen, erhielten 5 fl. 15 kr., ja selbst der Tambour mußte mit 1 fl. 30 kr. honoriert werben!

Wie der General, so waren bie andern Offiziere; Melac wollte sie es nicht wissen lassen, wie viel er einsteckte, aber mochten sie es erfahren ober nicht, sie waren gerabe so bestechlich und plünderten gerabe so schamlos wie ihr Vorgesetzter. Sie ließen sich auf verschiebene Quartiere Zettel geben und trieben bamit einen einträg= lichen Hanbel; glaubte jemanb sich glücklich von seinem Bebränger losgekauft zu haben, so war nach einigen Stunden ein anbrer ba, welcher bas gleiche Geschäft von neuem begann. Eine bestimmte Verpflegungsnorm wurde anfangs gar nicht aufgestellt, später setzte Melac bie Ration (place) fest auf 1½ Pfb. Fleisch, 1½ Schoppen Wein und 2 Pfb. Brot; solcher Rationen erhielt ein Oberster 12, ein Oberstlleutnant 10, ein Hauptmann 6, ein Lieutenant 4, ein Sergeant 2; bazu kamen noch bie Pferberationen, wovon der Hauptmann bei der Infanterie z. B. 4, ber Lieutenant 3 erhielt. Da es unmöglich war, alles bies in Natura zu beschaffen unb zu verbrauchen, so biente vieles bazu, mit Geld abgekauft zu werden. Die Offiziere hielten ferner offene Tafel mit äußerster Üppigkeit, wozu jebermann Zutritt hatte. Wohl am schlimmsten trieb es der Oberst Marquis von Bibille, der zeit= weilig währenb der Abwesenheit von Melac Stabtkommandant war und ben man nicht mit Unrecht bie Peitsche der Stadt nannte. Gleich anfangs war er mit 600 fl. bebacht worden, später abermals mit 110 fl., balb verlangte er Wilbbret und Eßlinger Bürger mußten auf bie Jagd, wobei sie sogar bie württembergischen Forste nicht schonten, sobaß es barüber beinahe zu einem Konflikt mit der württem= bergischen Regierung gekommen wäre. Haarsträubend lautet der — noch vorhan= bene — Speisezettel, welchen Bibille bei einer Abwesenheit Melacs bei schwerer

Strafe der Stadt aufnötigte, und es ist wohl der Mühe wert, die Forderungen einzeln aufzuzählen.

Die Stadt Eßlingen sollte liefern: 12 Schinken, 12 Pfd. Öl, 12 Pfd. Zucker, 20 Pfd. Parmesankäse, 15 Pfd. Kapern, 6 Dutzend Zitronen, 3 Dutzend Orangen, 20 Pfd. Maronen, 20 Pfd. Oliven, 20 Pfd. Wachslichter, 2 Pfd. „Nägelken", 1 Pfd. Muskatblüte, 1 Pfd. Zimt, 50 Pfd. Speck, 12 Truthühner, 4 Pfd. Pfeffer u. f. w. Für eine Stadt wie Eßlingen war es unmöglich, nur für einige Tage diese Luxus= waren in Natura aufzubringen; das Ganze war darauf angelegt, daß die frevel= hafte Forderung um möglichst teures Geld abgekauft wurde. Den Vorstellungen des Rates setzte der Oberst barsch entgegen: Melac könne sagen, was er wolle; überdies habe Melac, fügte er höhnend hinzu, bei der Verpflegung nur das Frühstück, nicht die Hauptmahlzeit geregelt. Sein Quartier im alten Rathaus behagte ihm nicht mehr, er zog in den Bebenhäuser Hof und verlangte dorthin neue Möbel, Küchen= geschirr, Betten. Das Gelieferte entsprach nicht ganz seinen Wünschen, hart fuhr er die Stadträte an, verschmähte aber nicht, nachher alles mitzunehmen.

Eine ganz eigentümliche Art Geld zu erpressen ersann der Platzmajor de Longes, ein harter übermütiger Mann. Er beanspruchte auf einmal als „sein Jägerrecht" die Zungen aller Tiere, welche in der Stadt geschlachtet würden, sowie die 10te Maß von allem ausgeschenkten Wein. Wohl versicherte ein menschenfreundlicher Offizier Aremberg, man sei ihm nichts schuldig, aber Melac ließ die Forderung gelten. So wurde ermittelt, daß vom 9. bis 25. Dezember 16 Schafe, 89 Hämmel, 31 Rin= der, 12 Lämmer, 27 Kälber und 7 Schweine geschlachtet worden waren; dies hätte nun bloß wenige Gulden ausgemacht, da die Rindszunge 3 Kreuzer und die Maß Wein 6 Kreuzer galt, aber man mußte den Major mit 150 fl. abfinden. Noch schlimmer war, daß bald darauf ein anderer Offizier Chavannes behauptete, die Stadt sei betrogen worden; de Longes habe sich ganz unrechtmäßigerweise den Titel Platzmajor angemaßt, er sei der rechte, und so mußte die Stadt dieses Jäger= recht abermals und zwar mit 300 fl. ablaufen.

Auch die gewöhnlichen Soldaten profitierten so viel als möglich. Gerne ließen sie sich ihr Quartier ablaufen (5 Reiter erhielten einmal 33 fl.). Oft genug wech= selten sie auch dieselben oder beanspruchten mehrere; wurden z. B. 250 Soldaten einquartiert, so wurden 500 Zettel ausgeteilt, damit jeder Mann für seinen zweiten noch Geld erpressen konnte. Waren sie, was sehr häufig vorkam, zu Streifzügen auf zwei oder mehr Tage abkommandiert, so mußte ihnen das Quartier nachbezahlt werden. Da bei diesem Treiben bald genug Handel und Wandel stockten, wurde den Krämern bei 10 Thaler Strafe geboten, ihre Läden zu öffnen; thaten sie aber dies, so nahmen die Offiziere was ihnen beliebte, oder setzten die Preise nach Gut= dünken an und die Soldaten nahmen einfach ohne Bezahlung.

Wie der bitterste Hohn klingt es, daß Melac einige Tage nach seinem Einzug den Rat vor sich forderte und ihm seine volle Zufriedenheit erklärte, auch mitteilte, er habe gegen Louvois die devote Submission und Konduite der Stadt gerühmt. Er versprach noch einmal, allen Unfug mit den Billeten abzuschaffen; es blieb bei

ben Worten, die gerade so viel halfen, als die Verficherungen und Befehle von
Montclar, der am 14. Dezember mit seinem ganzen Stabe in Eßlingen eintraf.
Schon in Cannstatt hatte Ferber ihm die Ausschreitungen der Soldaten vorgestellt.
In Eßlingen selbst wurde daran erinnert, daß sich die Stadt sogleich ganz freiwillig
unterworfen habe. Montclar, dem man ein Faß roten Weines verehrte, während
sein Sekretär Ronbin 80 fl. erhielt, versprach das Beste, die Zahl der Einquartierten
solle vermindert werden, Soldaten und Offiziere alles bezahlen wie in Frankreich.
Aber nach seinem Abzug blieb alles wie zuvor, die langsame Ausplünderung der
Reichsstadt ging ruhig ihren Gang weiter. Schweigend, der Verzweiflung nahe,
mußten die gequälten Bürger alle Lasten tragen, allen Mutwillen der Soldaten
erdulden, sehen, wie sie von Tag zu Tag mehr verarmten, ohne sich wehren zu
können. Am 15. Dezember wurde allen Bürgern „aus gnädigem Befehl" bei Eid
und Pflicht geboten, alle Gewehre und Feuerwaffen gegen Scheine abzuliefern; 751
betrug ihre Zahl. So kam es, daß nie ein Versuch des Widerstands gemacht wurde,
obgleich die Besatzung durch starke Entsendungen, um in den benachbarten Orten
Kontributionen zu erheben, oft sehr geschwächt war. Jene Abgabe der Handgewehre
wäre zu verschmerzen gewesen, aber hart empfanden die Bürger den Verlust ihrer
ganzen kostbaren Artillerie. Es war ein Stolz der alten Reichsstädte, ein Zeichen
ihrer Macht und Wehrhaftigkeit, wenn sie eine stattliche Anzahl von „Stücken, ganzen
und halben Karthaunen" aufzuweisen vermochten, auch Eßlingen war nicht arm daran.
Die auf der Burg aufgestellten hatten die Franzosen sogleich entdeckt und mit Be-
schlag belegt; aber auch die im Zeughause sollten ihrem Schicksal nicht entgehen.

Als die Eßlinger Bürger sich abmühten, ihre eigenen Kanonen von der Burg
und den Türmen herab für den Feind auf den Marktplatz zu schleppen, entschlüpfte
im Drange der Arbeit einem eifrigen Zimmermann Hans Jakob Bertsch — die
Geschichte hat seinen Namen aufbewahrt — in der Unschuld seines Herzens die
Äußerung: warum man nicht den Flaschenzug aus dem Zeughaus dazu nehme?
Der französische Artilleriekommissär eilte, das Zeughaus zu visitieren und die Hand
auf diese hochwillkommene Beute zu legen. Es waren 37 Stücke, 55 messingene
und 22 eiserne Doppelhaken, 452 Musketen, 10 Ctr. Blei, 15 Ctr. Lunten, 6 Ctr.
Schwefel, 7 Ctr. Salpeter, 15245 vierpfündige eiserne Kugeln, 5692 dreipfündige
bleierne Kugeln, 9454 einpfündige bleierne Kugeln 2c. (Der Gesamtwert von
allem wurde auf 150 000 fl. geschätzt.) Dabei sprengte man, um ja nichts dahinten
zu lassen, alle Thore und Gewölbe des Zeughauses auf und zerstörte halb das Gebäude. Die Schmiede und Wagner der Stadt hatten dann die Ehre, die Lafetten
und was gebrochen war, wieder herzustellen. Noch waren 3 kleine Kanonen übrig,
die Feuerstücke, durch welche man Stadt und Umgegend in Kenntnis setzte, wenn
ein Brand ausgebrochen war. Auch diese wollte der Artilleriekommissär zu den
übrigen stellen lassen; man versprach ihm ein Pferd, wenn er davon abstehe. Aber
als ihm dasselbe nicht sogleich beschafft wurde, drohte er, alle Glocken und was er
von Eisen sonst noch erwischen könne mitzunehmen. Eiligst wurde ihm das Pferd
gesandt; die Glocken blieben zwar den Einwohnern, aber jene 3 Kanonen wurden

doch zu den andern geführt und die betrübte Einwohnerschaft mußte sich mit der Aussicht begnügen, Aremberg wolle sich bei Melac dafür verwenden, daß ihnen beim Abzug der Franzosen wenigstens diese Stücke gelassen würden.

Drei volle Wochen währte die Besetzung der Stadt, während welcher jeder Tag seine eigene Plage hatte; wohl glauben wir, daß vor Abzug der Franzosen zwei Drittel der Bürger gänzlich verarmt waren, daß man zu dem Augsburger Kreistag keinen Deputierten absenden konnte, weil man kein Geld in aerario publico habe, um ihm die Zehrungsmittel anzuschaffen. Es war nur ein geringer Trost in dieser Betrübnis, daß die Feinde der Ausübung des evangelischen Glaubens kein Hindernis entgegensetzten. Am Andreas=Tage (10. Dez. n. St.), dem Tage nach dem Einzug, hatte Herr Dr. Wild doch die Predigt gehalten; fast niemand konnte sich des Weinens und Klagens enthalten; aber der Gottesdienst wurde weder damals noch später gestört, auch wurden weder von den Offizieren noch von den Gemeinen höhnende Worte und Gebärden gebraucht. Zur Ehre der Feinde darf auch nicht verschwiegen werden, daß nach einer Flugschrift aus jener Zeit „dem Frauenzimmer das geringste Leid sowohl auf den Gassen als in den Häusern nicht geschehen ist"; die bekannte, dichterisch wiederholt behandelte Geschichte des Mädchens von Eßlingen wird daher wohl auf späterer freier Erfindung beruhen. — Sehr bald stellte sich ein bedenklicher Mangel an den gewöhnlichen Lebensmitteln und an Fourage ein. Wohl war auf Anbringen des Magistrats ein Befehl ergangen, die Bauern der umliegenden Orte sollten zum Wochenmarkt kommen und alle Tage Lebensmittel in die Stadt bringen, freier Paß war ihnen dafür zugesagt, aber sie hüteten sich die Höhle des Löwen zu betreten. Zum Glück trat die Spitalverwaltung mit ihren reichen Mitteln für die erschöpften und ausgeplünderten Bürger ein, sonst hätten dieselben von der ungeduldigen Soldateska wohl noch mehr zu leiden gehabt. Nun bezeichnete Montclar während seines Aufenthaltes in Eßlingen die Gegend zwischen Fils und Neckar als diejenige, welche 50 000 Rationen Fourage dahin abzuliefern habe. Un= gesäumt ergingen die Kontributionsbefehle, vielfach mußten die Eßlinger Metzger Postillonsdienste dabei verrichten. Bis Geislingen und Weißenstein, bis Lauffen und Reutlingen, Schorndorf, Lorch und Gmünd drangen diese Unglücksboten und überall wurde mit Brand und Zerstörung gedroht, wenn die Frist nicht eingehalten werde. Auch hier waren die Forderungen unmäßig hoch, Denkendorf allein mußte 2400 Portionen Heu und 1366 Büschel Stroh liefern, Nellingen 1164 bezw. 424, und in ähnlichem Maße waren Weilheim und das Lenninger Thal, Waiblingen und Groß= heppach, Nürtingen und Göppingen angelegt, selbst Kirchheim u. T. war nicht aus= genommen, obgleich es der Wittwensitz der Herzogin Maria Dorothea Sophie war und man Schonung derselben gehofft hatte.

4. Die Franzosen im Herzogtum Württemberg.

Auch auf das Herzogtum Württemberg drückten die Franzosen mit ebenso großen Forderungen und Lasten, wie auf die Reichsstädte und die übrigen

Ortſchaften der Gegend. Was man bisher an Kontributionen gezahlt und geliefert, hatte man in dem Glauben gethan, von weiteren Laſten, beſonders von Einquartierung verſchont zu bleiben, aber bitter wurde man enttäuſcht. Am 24. November ſetzte La Grange dem Hauſe Württemberg aufs neue 50 000 Gulden Geld und 100 000 Rationen Fourage an. Man konnte nichts thun, als nachgeben, zahlen und liefern. Wollten die Franzoſen aber des Landes ganz ſicher ſein, ſo mußten ſie ſich in Beſitz der drei Feſtungen Aſperg, Schorndorf, Tübingen ſetzen; mit dem Berghaus Aſperg[22]) wurde der Anfang gemacht.

Ob die kleine Feſte im Stande war, eine ernſthafte, längere Belagerung aus= zuhalten, iſt jetzt ſchwer zu entſcheiden. Der plötzliche Einfall der Feinde, die Furcht vor ihnen hatte auch bei der Inſtandſetzung der Feſtung wie lähmend gewirkt, es geſchah nichts, um die Werke haltbarer zu machen, auch die Garniſon wurde nicht ver= ſtärkt. Wohl viſitierte Oberſt von Eyb den Ort nach dem Befehl der Geheimen Räte; er fand, daß ohne einen ziemlichen Aufwand von Zeit und Geld man die Feſtung nicht reparieren könne; man unterließ dies, wahrſcheinlich aus Spar= ſamkeit. Doch hätte man das Geſchütz, — und auf dieſes wurde der größte Wert gelegt — retten und in der Stille auf den uneinnehmbaren Hohentwiel bringen können; es geſchah nicht, wohl aus Furcht, die Franzoſen dadurch zu beleidigen. Der Herzog= Adminiſtrator hatte von Regensburg aus 3. Dezember dem Kommandanten Obriſt= wachtmeiſter Heinrich Friedrich Keller den Befehl erteilt, bei den gegenwärtigen Conjunkturen die ihm anvertraute Feſtung ſich recht anbefohlen ſein zu laſſen, und ſich als einen rechtſchaffenen Soldaten zu zeigen und keinen Befehl, der dieſem zuwider ſei, zu reſpektieren, er ſei denn von ihm, dem Herzog, eigenhändig unterzeichnet. Keller hatte den beſten Willen, aber ſeine Energie wurde auf eine Probe geſtellt, die er nicht beſtand, dem Widerſpiel der unter ſich uneinigen Regierungen von Regens= burg und Stuttgart war er nicht gewachſen. Beim Vormarſch von Heilbronn rekognos= zierte ein franzöſiſcher Oberſt von Bietigheim aus die Feſtung allerdings unter der Verſicherung, Württemberg habe nichts zu befürchten. Am 11. Dezember überbrachte der Brigadier Marevault einen Befehl Montclars an die Regierung, die Feſtung zu übergeben; erfolge nicht binnen zwei Stunden eine genügende Antwort, ſo werde die Feſtung mit Gewalt genommen, der Kommandant gehenkt, nach Stuttgart aber eine Garniſon von 1000 Reitern gelegt, welche dort auf Diskretion hauſen dürfen. Auf das Gutachten des Kriegsrats beſchloß die Herzogin mit den Regentſchaftsräten, den Aſperg zu opfern, um die Reſidenz zu retten. Aber Kommandant Keller erwiderte auf den Befehl zu Räumung, der ihn von aller Verantwortung frei ſprach: er ſei unglücklich, dem an ihn gerichteten Begehren ſeine unterthänigſte Devotion nicht erweiſen zu können; er ſei entſchloſſen, die Feſtung bis auf den letzten Blutstropfen zu maintenieren und die Ordre des Herzog=Adminiſtrators zu achten mit Hintanſetzung aller Gefahren und Verlierung Leibes und Lebens. Noch in derſelben Nacht gelangte dieſe Botſchaft nach Stuttgart und wurde ſogleich dem franzöſiſchen Geſandten Juvigny mitgeteilt mit der Bitte, dieſe Weigerung das Land nicht entgelten zu laſſen, oder wenigſtens ſo lange Friſt zu geben, bis man vom Herzog=Adminiſtrator einen neuen Befehl erwirkt habe. Aber Juvigny ließ die Beute, die er in der Hand hatte, nicht los, er wußte, was man mit Drohungen erreichen könne und erklärte: wenn die Festung nicht sogleich übergeben werde, sondern der Kommandant aus Eigensinn dabei verharre, einen unhaltbaren Ort zu verteidigen, ja wenn nur ein einziger Schuß aus der Festung falle, so werde dieselbe mit Gewalt genommen, der Kommandant vor den Thoren seiner eigenen Festung aufgehenkt, nicht bloß Cannstatt und das halbe Land, sondern auch Stuttgart verbrannt und er selbst werde der Erste sein, der die Häuser anzünde. Die Kunde von diesen schrecklichen Drohungen verbreitete sich rasch; unter dem Eindruck derselben und nachdem sich bestätigt hatte, daß die Reiter wirklich in der Nähe liegen, beschloß die Herzogin mit den übrigen Räten, den Befehl zur Übergabe zu erneuern; der Kommandant solle der Gewalt weichen, die Rettung des Landes importiere millionenmal mehr, sie, die Herzogin, wolle alle Verantwortung auf sich nehmen. Es war schwer, anders zu handeln, denn seitdem Melac in Eßlingen stand, war Stuttgart von den Franzosen ringsum eingeschlossen.

Der geheime Kirchen= und Kriegsrat Heller und Sekretär Hammerer übernahmen die Aufgabe, den Kommandanten Keller umzustimmen; sie versicherten nachher, es habe unbeschreibliche Mühe gekostet, ihn zur Parition zu bringen, der ehrliche Mann habe geweint wie ein Kind, aber man verstand alle die Gründe geltend zu machen, welche die Übergabe entschuldigen konnten; nicht bloß die Drohungen der Franzosen wurden angeführt, sondern betont, die Garnison sei zu schwach, sie bestehe fast aus lauter verheirateten Leuten und den Bürgern, so weder in den Exercitien noch andern vorfallenden Kriegsoccasionen geübt seien; auch sei die Festung nicht mit dem nötigen Pflaster, Wund= und andern Arzneien versehen, um vorfallenden Blessuren und Krankheiten zu begegnen; auch fehle es an Geldmitteln u. s. w. So wurde am 13. Dezember die Feste, die im dreißigjährigen Krieg eine 11monatliche Belagerung ausgehalten hatte, übergeben, ohne daß ein Schuß gefallen wäre. Alle Vorräte fielen den Franzosen zu, ihr Wert solle an der Kontribution, die noch ausstehe, abgerechnet werden; die Residenz und die Stadt Stuttgart soll von allen Winterquartieren, Auflagen ꝛc. befreit bleiben; wünsche der König von Frankreich die Feste nicht zu behalten, so solle sie mit allem Geschütz, Munition und Waffen Württemberg wieder zurückgegeben werden. Die Offiziere und Mannschaft erhielten mit Waffen und Gepäck freien Abzug, auch die Landleute, welche sich dorthin geflüchtet, durften frei ausziehen; dem Kommandanten wurde als besondere Vergünstigung zugestanden, daß er noch einige Tage bleiben durfte, weil seine Frau im Kindbett lag, auch seine 50 Eimer Wein durfte er reiten und endlich wurde ihm die Bedingung erlassen, nicht gegen die Krone von Frankreich zu dienen; die Herzogin Magdalene Sibylle, welche die Verantwortung für das Geschehene besonders auf sich nahm, hatte sich sehr energisch für ihn verwendet, da er als Soldat von Fortun sein Glück als solcher auch sonst machen wolle. Beinahe um dieselbe Zeit lief ein Schreiben des Herzog=Administrators ein, er habe nach Asperg geschrieben, zu seiner Verwunderung aber keine Antwort erhalten, man solle doch diese und die andern Festungen recht in Stand setzen. Es war zu spät, denn 200 Franzosen besetzten das Berghaus, mit dessen Fall das ganze Unter=

land vollſtändig in den Händen der Franzoſen war; eiligſt gingen ſie daran, dieſen Erfolg auch auf das Oberland auszudehnen. 14. Dezember[18]) waren in Eßlingen Montclar, Peyſonel, Melac und andere Oberoffiziere der Armee beiſammen, vielleicht wurde hier eine Art Kriegsrat über die weiteren Operationen gehalten. Zunächſt drang eine Abteilung gegen Ulm vor, aber ſie gelangte nur bis Geislingen, das mit 400 Dukaten Brandſchatzung davon kam; doch die Orte unterwegs, Süßen, Gingen, Kuchen, Altenſtabt wurden heimgeſucht, auch Göppingen mußte ſeine Kriegsſteuer entrichten. Sehr zahlreich waren dieſe Plünderer offenbar nicht, ſie hätten ſich ſonſt wohl länger in dieſer Gegend aufgehalten, namentlich Geislingen und Göppingen beſetzt. In Ulm aber erregte das Gerücht von dem Heranrücken von Feinden, das am 9. Dezember dort ankam, große Aufregung, beſonders als man hörte, daß ſie auch Geſchütz mitführen; man rüſtete ſich zu ernſtlichem Widerſtande; die Gartenzäune wurden niedergeriſſen, das Pflaſter vor den Häuſern ausgehoben, Miſt zum Brandlöſchen in die Stadt geſchafft. Die Rotgerber mußten die rohen und friſchen Häute bereit halten „zum Bombendecken‟, die Bürger wurden aufgefordert, ihre beſten Sachen in die feuerfeſten Gewölbe zu ſchaffen, und endlich mußte geiſtlich und weltlich, edel und unedel, arm und reich am Walle ſchanzen.

Ein weiteres Ziel war Tübingen; [14]) die Stadt war die zweite Haupt- und Reſidenzſtadt, durch die Univerſität weit bekannt, das Schloß mit ſeinen ſtattlichen Türmen und Baſtionen eine feſte Poſition, welche das obere Neckarthal beherrſchte. Ungefähr 4000 Mann — die Franzoſen hatten Verſtärkungen an ſich gezogen — rückten unter Montclar und Peyſonel von Eßlingen her über Walbenbuch gegen die Stadt (14. Dezbr.). Dort hatte man nicht im Sinne, ſich zu wehren, das Schloß, hieß es, habe ſtets mehr zur Recreation als zur Defenſion gedient, es beſaß auch keine ſtarke Beſatzung; in den Wunſch der Regierung, es zu keinem offenen Widerſtand kommen zu laſſen, ſtimmte vor allem die Univerſität mit ein; die wertvollſten Habſeligkeiten der letzteren, Siegel- und Gültbriefe, flüchtete man in ein ſicheres Verließ, zu den Unterhandlungen mit den Feinden wählte man den Profeſſor der griechiſchen Sprache Johann Oſiander. Eine beſſere Wahl hätte man nicht treffen können. Der 31jährige Mann (geb. zu Tübingen 22. April 1657) hatte ſchon viel erlebt; als Hofmeiſter eines ſchwediſchen Grafen Horn hatte er die Schweiz, Frankreich und die Niederlande bereiſt, während eines zweijährigen Aufenthaltes in Paris 1684—86 war er mit allen damaligen Berühmtheiten Frankreichs bekannt geworden; der geſchelte, gründlich gebildete Schwabe, der auch in allen körperlichen Übungen ſeinen Mann ſtellte und die Schwerfälligkeit ſeiner Stammesgenoſſen vollſtändig abgeſtreift zu haben ſchien, liebenswürdig und angenehm, ebenſo beſonnen wie furchtlos und unerſchroken, zuvorkommend aber nie kriechend, uneigennützig und ehrenwert, war in der „Geſellſchaft‟ zu Paris ſehr wohl gelitten und verwertete jetzt ſeine Kenntnis der franzöſiſchen Sprache und ſeine Bekanntſchaft mit vielen hochgeſtellten Perſonen ganz vortrefflich im Dienſte ſeiner Vaterſtadt. Den 14. Dezember ritt er nach Walbenbuch; beinahe hätte ihn die franzöſiſche Wache, die er wegen der Nacht nicht ſah und deren Anruf er wegen des Rauſchens

des Wassers nicht hörte, über den Haufen geschossen, glücklich verhinderte dies ein
Wirt. Als gegen Abend die Franzosen ankamen und der zukünftige Kommandant
von Tübingen, Peysonel, nach einem Abgesandten fragte, verlangte Osiander zuerst
den Obergeneral zu sprechen. Montclar wies ihn aber wieder an Peysonel und
dieser vergalt dem Professor seine Ungeschicklichkeit damit, daß er ihm Degen und
Pistolen abnehmen und ihn durch 2 Dragoner weiter eskortieren ließ. Aber Osiander
war nicht aus der Fassung gebracht; den Ritt mit dem General in später Abend=
stunde durch den Schönbuch verstand er so vortrefflich zu benützen, daß Peysonel,
menschenfreundlicher und anständiger als die meisten andern französischen Generale,
vollständig von ihm eingenommen wurde und ihm während der ganzen Okkupation
von Tübingen unendlich viel zu Gefallen that. Die Furcht der Franzosen vor
einem Überfall, vor Gegenwehr beutete Osiander aufs glücklichste aus, er durfte noch
in der Nacht nach Tübingen zurück, um die Übergabe der Stadt einzuleiten und die
Quartierangelegenheit zu bereinigen. Bei Lustnau überreichte am andern Morgen
eine Deputation die Schlüssel der Stadt den Franzosen; mit diesen zog Osiander,
der in aller Frühe wieder zu ihnen gestoßen war, ein, überall vermittelnd und aus=
gleichend, mit unermüdlicher Geduld und Geschäftigkeit bald der Stadt, bald der
Universität zu Diensten. Bei Feuquières führte er sich ein als alter Bekannter, der
im Hause seiner Tante in Paris wohl gelitten gewesen sei, so daß dieser ihn seinem
Freunde Peysonel aufs bringendste empfahl; das Los von Tübingen wurde dadurch
viel erträglicher als das anderer Orte. Freilich eine starke Kontribution wurde auch
hier auferlegt, Stadt und Amt mußte 20 000 fl., die Universität 12 000 fl. zahlen.
Für die Stadt war es unmöglich, binnen 4 Tagen die große Summe zusammen=
zubringen; die herzogliche Kasse, an welche man sich zuerst wandte, konnte nicht aus=
helfen; endlich gelang es, durch Privatanlehnungen 12 000 fl. aufzubringen, von
den übrigen 8000 fl. wurde aller Bitten ungeachtet kein Heller nachgelassen, weil
es Königsgeld sei. Peysonel erklärte später, er würde es den Bürgern gönnen, wenn
sie von La Grange etwas retour erhalten würden; denn nach Straßburg wurde den
25. in einer Kiste das Geld geführt, begleitet von dem Gerichtsherrn Johann Wil=
helm Mendel und dem Ratsherrn Achatius Wolf, welche als Geisel bis zur völligen
Erledigung der Brandschatzung dort zurückbehalten wurden. Die Universität brachte
aus ihren großen Stiftungen die Summe leichter zusammen, aber die Quartier=
freiheit, welche Osiander für seine Kollegen erbeten, mußten sie später von Peysonel
mit einer Verehrung von 4000 fl. erkaufen. Der französische General war eben
hier auch wie seine Kameraden und hatte die Professoren, die er für vermöglich
hielt, für seine Einquartierung vorbehalten; ursprünglich war seine Forderung eine
viel höhere gewesen, aber der Beharrlichkeit Osianders, der seinem fremden Freunde
mit unermüdlichen und den uneigennützigsten Bitten zusetzte, hatten es seine Kollegen
zu danken, daß die Summe so weit ermäßigt wurde, wobei Osiander überdies die
2000 Livres, welche Peysonel zu seinen Gunsten nachließ, edelmütig dem akade=
mischen Corpus überließ. Daß die Soldaten und Offiziere in ihren Quartieren
ähnliche Forderungen stellten, wie sie an andern Orten zu thun pflegten, läßt sich

benken, im ganzen hielt aber Peyfonel gute Ordnung, und als die Frau des jungen Buchbinders Phillibert Ulfers von einem Franzofen erstochen wurde, schritt er strenge ein, ermittelte den Schuldigen und ließ ihn auf offenem Markte an einen neuen Galgen hängen. Die Messe für den Verurteilten sollte in der St. Georgenkirche gelesen werden, aber Peyfonel war gutmütig genug, der ernsten Vorstellung, welche die Professoren Barbili und Frommann mit Osiander über die Unzuträglichkeit dieser Maßregel machten, nachzugeben und sich mit der Spitalkirche zu begnügen.

Auch die nachbarliche Reichsstadt R e u t l i n g e n [25]) sollte nicht ganz verschont bleiben. Den 17. Dezember kam, von den Franzofen nach Tübingen berufen, eine Deputation von dort, um sich mit Peyfonel zu vergleichen; sie konnten die Quittung für die ihnen auferlegte Brandschatzung vorlegen; über die 16 000 Rationen Fourage, welche Melac ihnen angesetzt, wollten sie weiter verhandeln; zugleich luden sie durch ihren Dolmetscher, den Sprachmeister Cellius, den Herrn General auf „ein Stück Fleisch" in ihre Stadt ein. Gleich am andern Tage entsprach Peyfonel der Einladung, mit 200 Dragonern rückte er in die Stadt ein und besetzte besonders das Ulmer Thor; bis Pfullingen rekognoszierten sie. Es wäre den Reutlinger Gerbern und Färbern, die einst so kräftig und mutvoll die Freiheit ihrer Stadt gegen die württembergischen Grafen verteidigt hatten, nicht allzu schwer gewesen, das Häuflein Franzofen zurückzuscheuchen, umsomehr, da sich das Gerücht verbreitete, die Reichsvölker stehen schon in Blaubeuren und da die Franzofen ihre im Lande ohnedies verzettelte Mannschaft nicht noch mehr schwächen konnten durch die Belagerung der ziemlich großen Stadt. Einige „einfältige und unverständige" Bürger hatten dies auch vorher geraten, aber der Rat war solchem Eifer durch jene Einladung zuvorgekommen und hatte auf dem Rathaus eine stattliche Mahlzeit für Peyfonel und seine Offiziere gerichtet: Spanferkel und Gänfe, Pasteten und Hammelschlegel, allerlei Konfekt und Hippen. Den Soldaten war im Spital das Essen gerichtet, ein Ochse war dazu geschlachtet worden, außerdem Gänfe und Spanferkel, weißes Brot und Reutlinger Wein wurde gereicht und mancher arme Bürger schlug sich auch zu der Kompagnie und aß und trank weidlich mit. Um 3 Uhr zogen die fremden Gäste wieder ab; wie der Akkord über die 16 000 Rationen ausgefallen, wird nicht berichtet, das Traktament hatte die Stadt 500 fl. gekostet, sie war doch glimpflicher davongekommen, als manch anderer Ort; 160 Wagen mit Korn und Haber wurden nach Tübingen geliefert.

Auch in T ü b i n g e n schickten sich die Franzofen zum Abzug an, da das Nahen der Entsatztruppen immer sicherer gemeldet wurde; vorher aber sollte das Schloß in die Luft gesprengt, die Mauern der Stadt umgelegt, überhaupt Tübingen völlig zerstört werden. Rasch verbreitete sich die schlimme Kunde, ganz niedergeschlagen meldeten es die Reutlinger Abgesandten ihren Landsleuten, von Stuttgart aus sandte die Herzogin einen eigenen Gesandten, den Herrn von Stalburg, um das Unheil womöglich zu hintertreiben, und in Tübingen selbst bot Osiander alle seine Beredsamkeit auf, um Peyfonel milder zu stimmen. In einem eigenhändigen Schreiben erinnerte die Herzogin daran, wie Tübingen auch redlich zu dem beigetragen habe, was zur Subsistenz der französischen Armee vor Philippsburg verlangt worden war, wie Montclar ihr versprochen, das Land mit solchen Extraktionen zu verschonen, sie hoffe, um ihres Sohnes willen werde er Stadt, Schloß und Universität Tübingen verschonen. Peysonel, der im Collegium illustre sein Quartier genommen, steckte das Schreiben „in den Sack" und erwiederte mit echt französischer Artigkeit: er hätte nicht geglaubt, daß die Herzogin ihm die Ehre anthun werde, persönlich ihn zu bitten; er habe bisher alles gethan, um zu moderieren; was er jetzt thue, geschehe auf Befehl des Königs; die Befestigungen des Schlosses werde er so umlegen lassen, daß dem Hauptgebäude kein Leid geschehe, auch die Stadtmauer werde er so umlegen lassen, daß kein Haus Schaden leide; das Geschütz aus dem Schloß müsse er nach Freudenstadt führen. In der Nacht vom 25. auf 26. Dezember (?) sprangen die Minen, im Schloß waren 2 gelegt worden, keine hatte sonderlichen Effekt gethan, an der Stadtmauer waren an drei Stellen je ungefähr 50 Schuh eingestürzt, aber so, daß kein Haus beschädigt worden. Peysonels guten Willen hatte man noch durch die bekannten Mittel gestärkt, welche in jenem Kriege ihre Wirkung nie verfehlten: er hatte eine Verehrung von 400 Thaler erhalten, dem leitenden Ingenieur übergab Osiander 24 Thaler; ob der heldenmütige Professor dabei auch noch einige Fäßchen Pulver mit eigener Lebensgefahr aus den wohlbewachten Minen wegpraktiziert habe, wie sein Biograph berichtet, wagen wir nicht zu entscheiden. Offiziell wurde die außerordentliche Härte der Steine und die Dicke der Mauern als Ursache des Mißerfolgs angegeben. Sonntag, den 26., zogen die Franzosen endlich durch das Schmidthor ab. Die Bitte seiner Offiziere, ihnen noch eine kleine Liberté zu gestatten, schlug Peysonel ab und ließ ihnen lieber etwas von der ihm gewordenen Verehrung zukommen; er sorgte durch seine Ordonnanzen, daß die Soldaten, welche da und dort anfingen, in ihren Quartieren durch Exzesse ihren Abschied zu feiern, zur Ordnung verwiesen wurden, er selbst patrouillierte mit Osiander während des Abmarsches durch die Straßen und überließ endlich dem letzteren 12 Dragoner, um die Nachzügler aus den Quartieren fortzutreiben. Zweihundert Wagen folgten in endlosem Zuge den Soldaten, der Raub der ganzen Umgegend; im Schloß und Zeughaus herrschte der Greuel der Verwüstung: was nicht mitgenommen wurde, war zerstört worden, überall lagen die Reste von alten Partisanen, Schlachtschwertern, Musqueten ꝛc., selbst die Überzüge der Sessel waren verschwunden; auf ungefähr 100 000 fl. schätzte man den Schaden, welchen Tübingen während dieser 12 tägigen Einquartierung erlitten. Nach Herrenberg führte der Marsch der Feinde; dorthin eilte Osiander ihnen nach, von den geängsteten Einwohnern berufen, da die Franzosen dort stark plünderten, überhaupt übel wirtschafteten. Dabei war der Professor so glücklich, seiner Vaterstadt noch einen Dienst erweisen zu können. Peysonel, der von Montclar den bestimmten Befehl erhalten hatte, die Mauern von Tübingen gänzlich niederreißen zu lassen, wollte einige hundert Mann Dragoner zurückschicken. Osiander verbürgte sich mit seinem Kopfe dafür, daß die Bürger es selbst thun werden und brachte richtig am andern Tage die Bescheinigung von Stadt, Universität und Gericht, daß man Gehorsam leisten werde. Mit möglichster Langsamkeit wurde an dem Zerstörungswerke gearbeitet, bis Osiander von Stuttgart aus meldete, man solle die Arbeit einstellen, die Hilfe sei da.

Zu gleicher Zeit suchte Melac das feste Schorndorf in seine Gewalt zu bekommen; die Stadt war gut mit Mauern versehen, hatte ein starkes Schloß [16]) und war die Zuflucht der Leute in der Umgegend, die ihr „Armüthlein" dorthin flüchteten; durch ihre Lage sperrte sie den Weg von Nördlingen nach Stuttgart, auf sie gestützt konnten die Franzosen die heranrückenden deutschen Entsatztruppen lange aufhalten. Auch von württembergischer Seite war die Wichtigkeit dieser Stellung wohl erkannt worden; in einem Erlaß vom 16. Oktober hatte der Herzog-Administrator dem Kommandanten eingeschärft: wenn der Feind mit Feuer oder sonst mit Gewalt kommen wollte, solle er sich, als einem Kommandanten und Soldaten gebührte, mit der an Hand stehenden Bürgerschaft und Auswahl durch Losbrennung der Geschütze und sonsten so lange wehren und effektiven Widerstand leisten, als es der Posten selbst und die an der Hand stehenden Requisiten erlauben. In gewissen Fällen war ihm jedoch gestattet zu kapituliren. Der Befehl kam an den rechten Mann, Kommandant von Schorndorf war Peter Krummhaar, ein tüchtiger, geschickter Soldat, der Herz und Kopf auf dem rechten Fleck hatte und bei dem nur zu bedauern ist, daß wir so wenig über sein sonstiges Leben, seine früheren Thaten wissen. In vollem Maße genoß er das Vertrauen der Bürgerschaft und aus ihr und der kriegstüchtigen Mann= schaft der benachbarten Orte hatte er die Besatzung verstärkt, die Werke wurden in Stand gesetzt und den Mut, welchen die streitbaren jüngeren Bürger des Landes überhaupt hatten und zeigten, teilte auch er. Mit Nachgeben hatte man sich bis jetzt nur eine solche Schonung erkauft, welche von einer vollständigen Aussaugung und Verarmung nicht weit entfernt war, und die Forderungen der übermütigen Feinde nur gesteigert. Er wußte, daß die Entsatztruppen nicht allzuweit mehr entfernt seien, bis zu ihrem Heranzug konnte er die ihm anvertraute Festung gut halten: demge= mäß handelte er, und als Melac am 17. Dezember vor Schorndorf erschien, von Eßlingen herkommend mit 40 Pferden, und ihn aufforderte, die Festung zu über= geben, erhielt er eine abschlägige Antwort. Umsonst wies der Franzose auf die 300 Reiter hin, welche bei Adelberg standen, umsonst stieß er seine gewöhnlichen Drohungen von Mord und Brand aus, Krummhaar ließ sich nicht schrecken, sondern blieb bei seiner Pflicht. Noch weniger verfing bei dem ehrlichen Manne ein Aner= bieten von 2000 Dublonen, welches Melac ihm machte, wenn er ihm die Feste übergebe; wutentbrannt mußte Melac abziehen von der Stadt, „die ihm gewaltig in die Augen gestochen", die Umgegend mußte es entgelten, eine Mühle und einige Häuser vor der Stadt wurden von den zornigen Feinden verbrannt.

Es war der erste ernstliche Widerstand, den die Feinde im württembergischen Gebiete gefunden, aber sie waren weit entfernt, ihr Vorhaben aufzugeben; ihre bis= herigen Erfahrungen bei Heilbronn, Asperg hatten ihnen gezeigt, daß man stets an= fangs Miene mache sich zu wehren, sobald sie aber nicht nachlassen besonders mit ihren Drohungen, so trete an die Stelle verzweifelten Widerstandes geduldige Nach= giebigkeit, welche sich immer weiter gefallen lasse. Schon am 18. Dezember kam

Juvigny zur Herzogin und stellte ihr vor: Schorndorf dürfe nicht in die Hände der
Kaiserlichen fallen, der Marsch und Rückmarsch so vieler Truppen könne dem Lande
nur schaden, und wenn die Stadt sich wehre, so werden die Einwohner sehr zu leiden
haben; er schlage eine gute Kapitulation wie bei Asperg vor. Die Herzogin wies
die Forderung ab, ebenso der Geheimerat von Menzingen, an den sich Juvigny nun
wandte. Mehr Eindruck machte Biville, der von Eßlingen herkam und von den im
Ritterssaale des Schlosses versammelten Geheimen Räten die Übergabe erpressen wollte
unter der harten Drohung: wenn ihn nicht die Rücksicht auf die verwitwete Frau
Herzogin abhielte, so sollten sie den Saal nicht verlassen, ehe sie sich positiv erklärt,
ihm den Posten zu überlassen. Der Geheimerat berief sich auf die gemessenen herzoglichen Befehle, man könne nichts thun, bis man den Administrator gefragt. Sekretär
Backmeister wurde auch sogleich als Expresse nach Regensburg gesandt, obgleich
Juvigny meinte, dort habe man gut reden, und bis die Antwort komme, gerate das
Herzogtum in die äußerste Gefahr; Montclar erwarte in Böblingen bis Sonntag
19. Dezember mittags die Entschließung. An diesem Tage wurde der ganze Oberrat
zusammenberufen, — man wollte die Verantwortung auf möglichst viele Häupter
wälzen — der herzogliche Befehl wegen Schorndorf vorgelesen, aber nach langer
Erwägung einstimmig beschlossen: es gebe in dem Zustand, in welchem man jetzt
sei, kein anderes Mittel als Schorndorf zu übergeben. Man habe bisher immer
nachgegeben, an den von Crailsheim Fortgeführten (S. 21) sehe man, wie der Feind
mit den Gefangenen umgehe, man wolle daher in der angefangenen Submission beharren
und durch eine gute Kapitulation den armen Unterthanen und Bürgern der ganzen
Landschaft den besten Rat schaffen. Freilich liefen gerade von allen Seiten die
schlimmsten Berichte ein; Tübingen war von General Peyssonel besetzt, ebenso sei
Freudenstadt in den Händen der Feinde, in Sulz, Dornhan, Alpirsbach, Calw, Nagold,
Hirsau, Weil der Stadt erheben sie Kontributionen aller Art, an Geld, Wein, Brot,
Pallisaden ꝛc.; die Franzosen verlangen dies und jenes, hieß es überall, und drohen,
wenn man ihnen nicht Geld gebe, nach Stuttgart zu kommen und etliche beim Schopf
zu nehmen. Von Eßlingen aus sandte Melac 50 Reiter nach Stuttgart, begehrte 25 Wagen Haber und Stroh und drohte mit Kriegsmanieren, wenn man sie
ihm nicht gebe. Die Herzogin, bei welcher er Audienz begehrte, verwies ihm den Unfug
dieser Ordre, da sie gegen die Zusage von Montclar geschehe; sie beschwerte sich bei
Montclar, Feuquières und Juvigny, daß man sie nicht in ihrer Residenz unangefochten lasse, da man doch das ganze Land eingenommen habe; doch wurde die
Fourage geliefert. Nach Schorndorf aber wurde der Kriegsrat Heller gesandt, derselbe, welcher so trefflich verstanden hatte, den Kommandanten von Asperg für die
Übergabe umzustimmen; mit Hoffjunker Friedrich von Hoff solle er sein Heil auch
in Schorndorf versuchen, um die Übergabe herbeiführen. Am 23. oder 24. Dezember
kamen sie in Schorndorf an; bei dem Kommandanten richteten sie nichts aus, er
war taub auch gegen die Vorstellung, daß Stuttgart durch seine Schuld geplündert
und verbrannt würde; er hatte auf eigene Faust einen Boten den Kreistruppen ent-
gegengeschickt und sie zur Eile ermahnt, wußte auch, daß sie nur noch wenige Märsche

entfernt feien. Zornig ließ er die Kommiffäre auf dem Walle ftehen. Nun wandten
diefe fich an den Bürgermeifter Walch und an die übrigen Väter der Stadt mit
ihrem Begehren; hier hatten fie befferen Erfolg. Am 20. war ein Befehl von Melac
eingelaufen, welcher der Stadt, wie andern Orten, Heu, Stroh und Haber als Kon=
tribution auflegte. Wohl hielt man den herzoglichen Abgefandten die Treulofigkeit
der Feinde entgegen, man fprach auch von dem baldigft eintreffenden Sukkurs, aber
die Kommiffäre drangen mit aller Beftimmtheit darauf, daß die Befehle der Regent=
fchaft beachtet würden; das Schickfal der Stadt ftand in der Schwebe, da trat ein
vollftändig unerwartetes Ereignis ein: Schornforfs Frauen traten gegen ihre
Männer für die Freiheit, für die Verteidigung ihrer Vaterftadt ein, unter Anführung
der Bürgermeifterin Anna Barbara Walch.

Von allen fchwäbifchen Frauen, die nicht von fürftlichem Geblüte ftammen,
ift wohl keine allgemeiner bekannt, als die patriotifche Bürgermeifterin von
Schornborf. Geboren im März 1651 in der Reichsftadt Leutkirch, die Tochter des
dortigen Apothekers Jakob Heinrich Agrikola, hatte fie als ehr= und tugendfame Jung=
frau im Jahr 1679 den Metzger und Lammwirt Walch in Schornborf geheiratet;
in der ganzen Stadt war fie nicht bloß als Bürgermeifterin — ihr Mann hatte
damals auch diefes Amt — fondern als gefchelte, äußerft thätige und dabei reiche Frau
hochgeachtet. Als fie merkte, daß die Ratsherren mit ihrem Manne fich dahin neigten,
den Kommiffären nachzugeben, da entbrannte ihr Herz in patriotifchem Eifer. Mit ihrer
beften Freundin, der Frau des Hirfchwirts und Gerichtsälteften Kazenftein, die ihre
Gefinnungen teilte, erfann fie den Plan, wenn die Männer verzagen, wollen fie, das
fchwächere Gefchlecht, die Stadt verteidigen und retten. Sie fchickten den fchlauen
Weingärtner Friedrich Kurz in der ganzen Stadt herum und ließen den Frauen in
ihrem Namen entbieten, bewaffnet vor das Haus der Bürgermeifterin zu kommen.
In kurzer Zeit war das ganze „Schornborfer Weibervolk verfammelt, mit allerlei
Kuchel= und Stallgewehr, Heu= und Ofengabeln,. Hackmeffern, Befenftielen, Kunkeln,
Sicheln, alten Partifanen und Hellebarden bewaffnet." Ganz militärifch teilte die
Bürgermeifterin die bunte Schar in Kompagnien, ließ Offiziere wählen — die böfeften
Weiber wurden, wie der Chronift bemerkt, dazu auserfehen — dann zog man vor
das Rathaus (nach einem Bericht wurde das Korn= und Waghaus, die jetzige mittlere
Kelter, als Rathaus benützt[27]) und umftellte das Gebäude. Von wenigen begleitet,
ging die Bürgermeifterin heimlich hinauf, der Sage nach fchlüpfte fie in den großen
Kachelofen des Sitzungszimmers, und belaufchte die Beratung. Als fie hörte, daß
wirklich von Übergabe der Feftung die Rede fei, kroch fie aus ihrem Verfteck hervor,
ließ ihren Mann herauskommen, befchwor ihn, nicht zur Übergabe der Feftung zu
raten und drohte, wenn er es doch thue, ihn eigenhändig totzufchlagen, fo klein
und unanfehnlich fie auch war; den übrigen Verrätern ftehe das gleiche Schickfal von
ihren Frauen bevor. Die ahnungslofe Verfammlung war vollftändig von diefer That=
kraft überrafcht und gelähmt. Sie wurde aufgelöft, einzeln mußten die Mitglieder
des Rats verfprechen, gegen die Übergabe zu ftimmen; die Kommiffäre wurden auf
dem Rathaufe ftrenge bewacht und hart gehalten, notdürftig wurden fie mit Speife

verfehen, Hohn und Angft hatten fie mehr als genug auszuftehen. Den Kriegsrat
Heller ließ enblich der Kommanbant heimlich entwifchen, der Hofjunter aber mußte
eiblich geloben, feinen Auftrag aufzugeben, unb zur Bekräftigung feiner neuen Ge=
finnung an ben Verteibigungsmaßregeln mithelfen. Zwei Tage unb brei Nächte
hielten bie „geharnifchten Weibriche", bie an bem Kommanbanten eine ftarke Stütze
hatten, Rathaus unb Thore befetzt, bis jebe Gefahr inner= unb außerhalb ber Stabt
verfchwunben war; von ben Schornborfern bachte niemanb mehr an Übergabe. Die
Franzofen, welche feitbem nicht mehr vor Schornborf erfchienen waren, wagten auch
fpäter keinen Verfuch, bie mutvolle Stabt zu unterwerfen; ohnebies machte bie heran=

Die Schornborfer Frauen vor dem Rathaus. Nach Spehrs „Geschüchtertem Hahn".
(Die kleine, ben Rücken kehrenbe Frau im Vorbergrund ftellt bie Bürgermeifterin vor.)

rückenbe Reichsarmee ihren Streifzügen immer mehr ein Enbe. Was Kriegsrat Heller
in Stuttgart berichtet, bavon fchweigt bie Gefchichte, ein Protokoll fcheint nicht barüber
aufgenommen worben zu fein. Die offizielle Darftellung, wie fie bem Kaifer vorgelegt
wurbe, lautete freilich anbers unb eigentümlich: Man habe bie Sache vom
18.—24. Dezember hingezogen, unb Zeit unb Gelegenheit gewonnen, Bürger=
fchaft unb Kommanbant von Schornborf zu fonbieren, ob fie in einem rechten Stanb
unb Gelegenheit feien. Dann habe man fich zu einer inbifferenten Orbre entfchloffen,
was man um fo beffer gekonnt, ba man burch Verfchickung zweier Abgeorbneten,
ohne baß jemanb Franzöfifches babei gewefen, bem Kommanbanten unb ber Bürger=

schaft bezeugen konnte, daß sie selbst den besten Ausschlag zu nehmen, und keiner ferneren Instanz von Stuttgart zu gewarten haben werden. (!)

Die That der wackeren Bürgermeisterin und ihres „Weibervolks" hallte wie ein frischer heller Klang aus dem wüsten trostlosen Kriegslärm jener schlimmen Zeit, das Beispiel, das die Schorndorfer „mit Ergreifung allerhand seltsamen und possierlichen Gewehrs" gegeben, war nicht vergeblich; der Mut etwas zu wagen und sich zur Wehr zu setzen, der den Schwaben ganz abhanden gekommen zu sein schien, wachte wieder auf, überall begann sich der Widerstand zu regen, die Bürgermeisterin selbst aber blieb mit Recht die unvergessene Heldin jener Zeit. Ein halbes Jahr nach jenen denkwürdigen Dezembertagen starb ihr Mann, sein Nachfolger als Bürgermeister wurde der Handelsmann Johann Georg Künkelin, Dezember 1689 reichte ihm Frau Anna Barbara zur zweiten Ehe die Hand, so kam es, daß der Name Walch von dem späteren Künkelin vollständig verdrängt wurde. Ein einziges Kind, ein Söhnlein, erblühte dieser Ehe, das aber schon 1691 wieder starb. Zweimal noch sah die Frau die Franzosen vor den Thoren der Stadt, die sie einst gerettet, 1693 und 1708; im letzteren Jahre wurde die Festung durch einen „honorablen Akkord" übergeben und die Schorndorfer konnten sich sattsam überzeugen, was es heiße, den Feind in den Mauern zu haben. 1728 starb der Bürgermeister Künkelin, den 20. November 1741 folgte ihm seine allgemein hochverehrte Frau im Tode nach. In den letzten 20 Jahren war sie blind geworden, hatte aber sonst ihre geistige und körperliche Frische bewahrt. Den Schorndorfer Bürgerskindern stiftete sie ein Stipendium, der Stadtkirche eine schöne silberne Abendmahlskanne mit der Jahreszahl 1740, ihrem Namen und der (lateinischen) Aufschrift: In deinen Armen will ich sterben und im Frieden ruhen. Der Name und die That der heldenmütigen Frau lebt fort im Munde des Volkes und in zahlreichen Verherrlichungen durch Gemälde, Ballade, Schauspiel und Oper.

Den 25. Dezember kamen endlich die schwäbischen Kreistruppen in Ulm an. Die östlichen Grenzorte Württembergs erhielten durch die Ankunft der Befreier Ruhe und Sicherheit, aber die von den Franzosen besetzten Landesteile wurden noch auf eine harte Probe gestellt. Die Winterquartiere mußten sie aufgeben, als Entschädigung dafür suchten sie dem Lande und seinen unglücklichen Einwohnern noch abzupressen, was nur immer möglich war; neue Kontributionen wurden den schon oft heimgesuchten Orten auferlegt, und soweit die Säbel ihrer Dragoner reichten, mit Gewalt und Härte eingetrieben, für das Nichtgelieferte Geiseln mitgenommen. Unter allen möglichen Vorwänden erpreßten die Offiziere besondere Verehrungen, während die Soldaten mitnahmen, was in ihre Hände fiel, von den befestigten Orten wurden die Mauern niedergelegt, die Geschütze fortgeschleppt und dabei die vertragsmäßigen Kapitulationen, die gegebenen Versprechungen auf das schnödeste gebrochen. Nur einige Beispiele[25]) seien angeführt. In Böblingen, Stadt und Amt, plünderten die Dragoner mit „erschrecklichen Geldpressuren, sodaß sie dadurch in totalen Ruin kamen"; in Brackenheim forderten sie 13 000 fl. und nahmen 4 Geiseln mit, aus dem Amte noch 12 unter schweren Drohungen; von Lauffen forderten sie 16 000 fl.

Kontribution, und nahmen den Obervogt als Geisel mit, auch alle Pferde wurden mitgeschleppt und die Brücke ruiniert. In Güglingen plünderten sie 5 Tage lang und raubten alle wertvollen Kirchengeräte, die Leute wurden mißhandelt, geschlagen und an den Haaren gezogen. Von Urach wurden 14 000 fl. gefordert, sie kamen aber mit 2000 davon; Ehingen sollte 5000 fl. bezahlen, als man diese mit großer Not zusammengebracht, drangen die Franzosen doch plündernd in die Häuser und steckten die Stadt in Brand, den Schultheiß suchten sie durch schwere Schläge dahin zu bringen, das Rathaus selbst anzuzünden, er blieb aber standhaft bei seiner Weigerung; nun steckten es die Franzosen an, im ganzen brannten 36 Häuser ab.

Von Melac ergingen aus Eßlingen neue Requisitionen an die Orte Denkendorf, Nellingen, Nürtingen, Weilheim; das Lenninger Thal, Neuffen, Reutlingen, Gmünd, Göppingen und ihre Orte wurden an die ihnen auferlegten Lieferungen erinnert.

Aber schon zeigten sich immer häufiger die Spuren des nahenden Sturmes, der rächenden Vergeltung; einzeln, in kleinen Abteilungen waren die Franzosen ihres Lebens nicht mehr sicher, immer mehr fanden sie bewaffneten Widerstand. Freudenstadt war von ihnen besetzt und beim Abzug geplündert worden, auch 3 Geisel schleppten sie mit; aber beim Marsch über den Kniebis wurden sie durch eine große Schar bewaffneter Bauern angegriffen und „ihnen ein Teil des Raubes, darunter 5 von dem Schloß zu Tübingen genommene Kanonen, von der das Gewehr ergriffenen Bauernschaft abgenommen, auch einige totgeschossen." Der unerhörte Befehl, daß die Bauern ihr Stroh und Heu, welches man nicht mitnehmen könne, verbrennen und ihre Saatfelder verwüsten sollten, erregte die tiefste Erbitterung; lieber wollten diese sich selbst totschlagen lassen als dies thun, erklärten sie; um den Feind zu täuschen, zündeten sie hie und da einen Haufen von altem unbrauchbarem Heu an, die Orte, von welchen Fourage verlangt war, versprachen baldigste Parition, zögerten aber die Sache hinaus, bis der Entsatz kam. Schorndorf ließ den Postillon mit Melacs Ordre gar nicht ein; in Göppingen erwiderte der Vogt Schott (30. Dez.): weil man dieser Zeit bereits eine Fourage geliefert, ist dieser (neuen) Ordre von Stadt und Amt bereits Genüge beschehen. In Regensburg hatte der Kaiser endlich den Reichskrieg gegen Frankreich erklärt und dem französischen Gesandten be Crech seine Pässe übergeben lassen; die Kreuz- und Querzüge der Franzosen verrieten nur allzudeutlich, wie unbehaglich sie sich fühlten, aber noch einmal zeigten sie den Unterworfenen ihre harte Faust. Eßlingen und Heilbronn hatten am meisten darunter zu leiden, diesmal wurde aber auch Stuttgart nicht verschont.

Als Montclar die Nachricht von dem Widerstande Schorndorfs hörte, rief er aus: man muß ein anderes Mittel versuchen! Die Hauptstadt des Landes hatte bisher am wenigsten zu leiden gehabt, auch sie sollte die Franzosen in ihre Mauern aufnehmen[29]), des Königs Befehl (s. S. 20) sollte an ihr vollzogen werden. Zwar hatte Montclar selbst durch seine eigenhändige Unterschrift versichert, daß die Residenz und Stadt Stuttgart mit Winterquartieren und Exactionen befreit sein solle (s. S. 32) ebenso, daß diese Artikel sollten unverletzlich und unverbrüchlich gehalten werden; aber mit derselben Leichtigkeit, mit welcher er damals diese Versprechen gegeben hatte, brach er sie jetzt. Auf seinen Befehl wandte Peysonel, von dem jedermann glaubte, daß er gegen den Schwarzwald ziehe, plötzlich bei Herrenberg um und marschierte gegen Stuttgart. Donnerstag, den 30. Dezember, Mittags 1 Uhr, erschienen 200 Dragoner unter dem Grafen von Vienne vor dem Hauptstätter-thor und begehrten Einlaß für sich und die nachrückenden Truppen Peysonels; sie drängten sich dicht zusammen, um ihre Anzahl zu verbergen. In der Stadt geriet alles in die größte Bestürzung über diesen unerhörten Vertragsbruch, über die drohende Gefahr, auch hier trat der Zwiespalt der Ansichten, ob man sich wehren, ob man eine gütliche Übereinkunft treffen sollte, offen zu Tage. „Die Bürger verfielen also-bald in eine Furie", stürmten das Rathaus, forderten Gewehre und nahmen, war sie unter die Hände bekamen und besetzten die Mauern und Thore, besonders das gefährdete Hauptstätterthor, die Sturmglocke wurde gezogen, um die Nachbarschaft zu Hilfe zu rufen. Zur selben Zeit unterhandelte die Herzogin mit Juvigny und Crecy, der Tags zuvor mit herzoglichem Geleite versehen nach Stuttgart gekommen war, um einen gütlichen Vergleich herbeizuführen. Es entzieht sich unserer Beur-teilung, ob sie nicht besser daran gethan hätte, den Widerstand der Bürger zu orga-nisieren und zu leiten, jedenfalls nahm sie eine solche Verantwortung nicht auf sich. Zunächst wurde Juvignys Wohnung, welche in der Nähe des Hauptstätterthores lag (das nachherige Stadtpfarrhaus von St. Leonhard) durch 2 Trabanten geschützt, dann Vienne mit 20 Rei-tern eingelassen; kaum konnte dieser das Schloß erreichen, so wütend waren die Bürger. Sein Verlangen, 1000 Mann zu Fuß und 500 Reiter einzulassen, wurde von der Herzogin, wie es sich gebührte, mit ernstem Vorwurfe über die Ungerechtigkeit dieser Maßregel beantwortet. Da kam die Nachricht, die Franzosen haben das Thor ge-sprengt, schnell eilte Vienne dorthin, fand es aber noch verschlossen und in den Hän-den der Stuttgarter Bürger; eiligst suchte auch er in Juvignys Hause Sicherheit; denn nun begann ein ernsthafter Kampf zwischen den Truppen, die Verstärkung erhalten hatten, Verschanzungen aufwarfen und gegen das Thor vordrangen, und den Bürgern, die sich sehr wacker und mutvoll hielten und in der That auch ziemlich viel von den Feinden „niederbüchsten", aber ohne nachhaltige Unterstützung gelassen wurden. Zwei Stunden lang währte das Gefecht, bei dem sich innerhalb der Stadt auch Juvigny und seine Leute beteiligten; ganz gegen alles Völkerrecht feuerten sie nach der eidlichen Aussage der später vernommenen Zeugen aus seiner Wohnung heraus „überaus grausam und hart". Juvigny selbst wurde gesehen, wie er mit dem Mordgewehr aus seinem Erkerfenster schoß; mehrere Stuttgarter wurden von dort aus getötet und verwundet; die Verteidiger hatten sich auch gegen Angreifer innerhalb der Mauern zu decken und so wurde es den Franzosen möglich, das Thor einzuhauen und in die Stadt einzubringen. In den Straßen wurde der Kampf fortgesetzt, mehrmals wurden die Franzosen wieder bis zum Thor zurück-geworfen, auch aus den Häusern wurde gefeuert, was die Feinde damit ver-galten, daß sie schossen, wo sie ein Fenster erleuchtet sahen. Endlich siegten die 2500 wohlmontierten Dragoner und Reiter über die weit schwächere Bürger-wehr, der Markt wurde besetzt, wer noch mit den Waffen in der Hand ange-

troffen warb, niedergemacht. Peyſonel eilte ſogleich zur Herzogin, um ihr ſeine
Reverenz zu machen, und ihr ſein Bedauern auszudrücken, daß er mit den Waffen
in der Hand die Stadt betreten, aber er habe nur ſeines Königs Befehl befolgt.
Nur die Ehrfurcht vor Ihrer Durchlaucht halte ihn ab, die Unverſchämtheit der
Bürger ſo zu ſtrafen, wie ſie es verdient, ſonſt würde die Stadt ſchon in Flammen
ſtehen, und aus dem gleichen Grunde habe er ſeinen Truppen das Plündern ver-
boten; die Herzogin ſelbſt könne in voller Sicherheit im Schloſſe bleiben. Die tief
erſchütterte Frau bewahrte auch in dieſer ſchweren Bedrängnis ihre Standhaftigkeit
und Haltung, ſo daß der franzöſiſche General mit Achtung und Bewunderung von
ihr ſchied. Auf dem Markte ſtanden die Franzoſen, ſie ſollten die Nacht über unter
den Waffen bleiben und nur Brot und Wein erhalten, aber Peyſonel vermochte nicht
zu hindern, daß die Soldateska, erbittert durch den Verluſt (zwiſchen 20 und 200
Mann ſchwanken die Angaben), da und dort in die Häuſer einbrang, mit Gewalt
Kiſten und Thüren eröffnete, plünderte was ſie fand und wo ſie nichts fand „die
Leute unter Bedrohung von Morden, Henken, Verſchießen, auch mit wirklicher Um-
werfung von Stricken um etlicher Hälſe und deren Zuſammenziehung, bis ſie ſchwarz
wurden und ihnen der Schaum vor dem Munde ſtand“, Geld abnötigte. Es war
eine ſchreckliche Nacht für Stuttgart, da kam mancher um Tauſende, mancher um
ſein Armüthlein, und beſonders die beiden Hofprediger, zu welchen viele Leute vom
Lande ihre Habe geflüchtet, erlitten nebſt den beiden Diakonen großen Schaden.

Am andern Morgen wurden die Quartiere ausgeteilt und auch die Vornehmſten
damit bedacht. Crech machte bei der Herzogin ſeine Abſchiedsaudienz und wurde
mit allem guten Willen entlaſſen, Juvigny aber, welcher ebenfalls der Herzogin ſeine
Aufwartung machte, wurde von der erzürnten Fürſtin mit der Anfrage empfangen:
ob die königliche Verſicherung gehalten werde, die Reſidenz zu verſchonen? Aber der
freche Geſelle ſcheint ſich um den Wortbruch nicht viel bekümmert zu haben, viel
ſchlimmer aber war, daß Montclar, der am 31. Dezember 1688 in die Stadt kam,
ſogleich die Stadtmauer 800 Schuh weit niederreißen ließ und Anſtalt machte, die
ganze Stadt niederbrennen zu wollen. Man ſagte, 200 Wagen ſeien beſtellt, um den
Raub fortzuſchaffen, Melac ſende von Eßlingen her 500 Mordbrenner in Feuers-
kleidern(!) und mit Pechſträngen um den Leib, welche als die ſcheußlichſten Furien
ausſähen; zum Glück für die mit dem Untergang bedrohte Stadt führte der Fuhr-
mann den Wagen, welcher die Brennmaterialien trug, in Cannſtatt in ein Seiten-
gäßchen und lud ihn dort ab. Alles in Stuttgart ſchwebte in großen Ängſten und
wartete ſehnlichſt der herannahenden Hilfe. Schon am 23. war ein Bote nach
Regensburg geſandt worden, ob der Herzog Stadt und Land ganz ihrem Schickſal und Ver-
derben überlaſſe, jetzt verdoppelten ſich die Geſuche; unmittelbar vor der Beſetzung
Stuttgarts eilte ein Bote nach Ulm zu dem Kreisoberſten, zu dem Prinzen Louis.
Einem weitern, einem hochgeſtellten Beamten, der nachher abging, ſtieß ein eigentümliches
komiſches Mißgeſchick zu, das ein grelles Licht wirft auf die damaligen Zuſtände
und die Gefahr einer beginnenden Auflöſung von Geſetz und Ordnung zeigt, welche
bei einer längeren Beſetzung Württembergs die größte Verwirrung erzeugt hätte.